나를 사랑할 용기

나를 사랑할 용기

• 기시미 이치로 지음 ┃ 홍성민 옮김 •

인 간 관 계 를 둘 러 싼

88 가 지 고 민 에 대 한

아 들 러 의 가 르 침

한국경제신문

당신은 '자신'을 사랑합니까?

이가 아프면 병원에 가야 한다. 그런데 대부분은 처음엔 그냥 참다가 통증이 더 심해지면 약국에서 약을 사 먹고 버틴다. 병원을 찾는 건 도저히 버틸 수 없을 때다. 의사는 진찰을 하면서 "양치질을 제대로 안 하시는군요"라고 말한다. 치통의 원인을 짚는 것이다. 그러고는 양치질하는 법을 꼼꼼히 알려주면서 그렇게 해야만 치통이 재발하지 않는다고 말한다.

치과에 갔을 때 의사한테 받을 수 있는 처방이 이것뿐이라면 환자는 어떨까? '알아요. 내가 양치질에 게을렀다는 건 나도 안다고요. 그리고 앞으로는 열심히 할 생각이에요. 그러니 제발 이 통증 좀 없애달라고요!' 라고 속으로 외치지 않을까?

내가 다니는 치과의 의사는 절대 원인을 따지지 않는다. 의미가 없다는 것을 알기 때문이다. 환자가 원하는 것은 치료다. 약을 처방받거나 썩은 부위를 긁어내 한시라도 빨리 통증에서 해방되기를 원한다. 이 시점에 양치질을 제대로 했다, 안 했다를 얘기하는 것은 환자에게 아무 도움이 되지 않는다.

나는 사람들을 만날 때마다 "당신은 자신을 사랑하나요?" 하고 묻곤 한다. 이 질문에 "예"라고 답하는 사람을 거의 못 봤다. 대부분이 거의 반사적으로 "아니요"라고 대답한다. 왜 그럴까? 스스로에게 자신이 없기 때문이다. 그건 또 왜 그럴까? 아마도 여러 이유가 있을 것이다. 누군가에게는 가난도 이유가 될 수 있고, 어릴 적 부모의 학대를 경험했다거나 외모 콤플렉스가 있어서라고 이야기하는 사람도 있다. 여러 가지 이유로 사는 게 힘들다고 호소하는 사람이 엄청나게 많다.

그런데 가만 보면 자신을 사랑할 수 없는 이유, 그러니까 지금 안고 있는 문제의 원인을 과거의 경험이나 선천적인 것에서 찾는 이들이 많다. 내 탓, 현재 나의 무언가가 잘못돼서 일어난 일이 아니라고 하면 일단 안도감이 들기 때문이다. 그런 사고방식을 지지하는 심리학과 정신의학적 견해가 널리 퍼져 있다는 점도 적지 않은 영향을 미쳤을 것이다. 하지만 그렇게는 어떤 문제도 해결되지 않는다.

'자신을 사랑할 수 없는 사람은, 사실은 자신을 사랑하지 않기로 마음먹었기 때문' 이다. 이 말이 모순처럼 들릴 테지만 조금만 생각해보면 전혀 그렇지 않다는 것을 알 수 있다. 문제의 원인을 지금의 나 자신이 아니라 외부적 요인에서 찾으면 어떤 일이 일어날까?

먼저, 과거에 원인이 있다고 해보자.

이때의 해법은 뭘까? 없다. 타임머신이 있는 것도 아니니 그때로 되돌아가 잘못을 바로잡을 수가 없기 때문이다. 다시 말해 원인이 과거에 있다고 진단하더라도 지금의 문제는 절대 해결되지 않는다. 더 심각한 문제는 과거의 일이 원인이라고 생각하고 싶어 하는 사람은 어떻게든 생각을 그렇게 몰아간다는 것이다. 과거에 원인이 있다고 생각하는 한 지금의 자신은 책임을 지지 않아도 되고, 문제를 해결하기 위해 행동을 취하지 않아도 되기 때문이다.

그렇다면, 사회에 문제가 있다고 해보자.

만사에 사회 문제를 언급하는 사람도 있다. 취업이 어렵고 결혼이 어려운 건 순전히 사회 탓이라는 거다. 물론 사회 자체에도 개선되어야 할 점이 많은 건 사실이다. 하지만 같은 조건에서도 헤쳐나가기 위해 열심히 노력하는 사람이 있는가 하면, 자신이 어쩔 수 없는 일이라고 선을 긋고 노력조차 하지 않는 사람도 있다. 사회에 문제가 있다면 고치기 위해 목소리 높일 일이지만, 그것과 자기 자신의 노력은 별개의 문제다. 예를 들어, 취업난이 심각하니 어쩔 수 없다며 집에서 빈둥거리기만 하는 것은 비난받을 일이다. 이런 사람들은 내가 어떤 말을 하건 "그건 이상에 불과해요", "현실을 너무 모르시는 말씀입니다"라고 항변한다.

자신이 살기 힘들고 행복해질 수 없는 원인이 이렇게 외부에 있다는 생각에는 '목적'이 존재한다. 바로, 도망칠 수 있도록 방패막을 마련하는 것이다. 원인을 다른 무언가에서 찾는 한 과제를 해결하기 위해 적극적으로 나서지 않아도 된다. 자신의 책임이 아니라고 생각하기 때문이다. 그러므로 원인을 찾아도 의미는 없다.

중요한 것은 '앞으로 어떻게 할까'이다.

나는 직업이 카운슬러이기 때문에 고민에 싸인 사람을 수없이 만난다. 상담을 받으러 오는 사람들의 하소연을 들어주고 "당신 탓이 아니다"라고 말해주면 그 사람은 조금은 마음이 후련해질 것이다. 하지만 그 사람의 인생은 카운슬링을 받기 전이나 후나 다를 게 없다. 도리어 자신은 잘못하지 않았다, 과거의 일 혹은 지금의 사회 문제가 원인이라는 생각을 강하게 할 뿐이다.

나는 "앞으로 어떻게 하고 싶은가요?"라고 묻는다. 예를 들어 상사와의 갈등으로 고민하는 직장인이 찾아왔다면, 그동안 쌓인 감정을 털어놓게 하는 데 중점을 두지 않는다. 그보다는 앞으로 상사와 잘 지내고 싶으면 어떻게 대해야 할지, 어떻게 해야 마음고생을 덜 할지 등을 같이 생각해본다. 잘 지낼 수는 없더라도 최소한 지금처럼 격렬한 미움은 줄일 방법을 찾도록 적극적으로 조언한다.

카운슬링을 받는 사람에게 지금 자신이 안고 있는 문제를 과거나 타인 탓으로 돌리지 말라고 말하는 것은 심적으로 큰 부담을 주는 일이다. 문제에 책임을 지라는 말이기 때문이다.

바꿀 수 있는 것에 주목하자.

오스트리아의 정신과 의사 알프레드 아들러Alfred W. Adler는 개인 심리학Individual psychology의 체계를 세운 사람이다. 그래서 이를 '아들러 심리학'이라고도 부른다. 그는 심리학에 '열등감'을 도입한 최초의 인물인데, 이유를 내세워 과제에서 도망치려 하는 것을 '열등 콤플렉스'라고 불렀다. 이런 사람들은 타인이 수긍할 만한 이유를 열심히 찾아 그 뒤에 숨으려 한다.

하지만 과거의 일, 사회적 여건 등은 자신이 노력해서 바꿀 수 있는 것이 아니다. 그러니 바꿀 수 없는 것에 연연하다 포기할 것이 아니라 바꿀 수 있는 것에 주목해야 한다. 그 핵심이 바로 인간관계다.

아들러는 "모든 고민은 인간관계에서 비롯된다"고 했다. 그는 신경증도 마음의 문제가 아니라 인간관계의 문제라고 봤다. 그래서 지금까지 보였던 관계의 문제에 집중하기보다는 앞으로의 인간관계를 개선하도록 노력해야 한다고 말했다. 사람과 관계하다 보면 어떤 형태로든 마찰이 생긴다. 그래서 아예 인간관계를 피하려는 사람이 많은데, 이는 또 다른 부작용을 낳을 뿐이다. 삶의 기쁨과 행복도 인간관계를 떠나서는 생각할 수 없기 때문이다. 중요한 것은 인간관계를 어떻게 인식하느냐가 고민 해결의 돌파구가 된다는 것이다.

이 책은 아들러 심리학을 근거로 인간관계를 둘러싼 여러 고민에 대답하고자 하는 시도이다. 제시된 질문과 답변을 통해 문제 해결의 실마리를 찾아보자. 아들러 심리학의 핵심을 일상에서 활용할 수 있게 될 것이다.

이 책에는 많은 이들의 고민이 담겨 있다. 그 고민은 당신이 지금 하고 있는 고민과 어느 지점에서는 닿아 있을 것이다. 자신을 사랑하지 않는 사람들의 고민에 아들러의 심리학 관점에서 어떤 대답을 해줄 수 있을까? 자기 자신의 문제에서 출발하여 청년에서 중년, 노년으로 이어지는 고민을 인간의 성장 발달 단계처럼 전개되도록 주제별로 구성했다.

고령자의 고민이 청년과 무관한 문제는 아니다. 당신이 젊다면 부모나 상사의 심리를 이해하는 데 도움이 될 것이다. 반대로 당신이 인생의 연륜을 쌓은 어른이라면 청년의 고민을 알게 됨으로써 자식과 부하의 기분을 이해할 수 있을 것이다. 이 책이 다루는 여든여덟 가지 고민 상담은 어느 것 하나 당신과 무관하지 않다.

아들러는 "잘못된 인식을 갖고 있다면 심리학은 도움이 되지 않는다"고 말했다. 문제가 무엇인지는 알고 있지만 내가 바꿀 수 있는 것은 없다는 잘못된 인식을 버리자. 그 대신 내가 바꿀 수 있는 것을 바꿈으로써 지금의 나를 더 나은 사람, 더 행복한 사람으로 만들어가자. 그것이 바로 나를 사랑하기 위해 필요한 한 걸음이다.

3장 피하고 싶은 인간관계

4장 공부와 진로

5장 직장 스트레스

6장 연애 감정의 불확실함

7장 결혼이 주는 상처

8장 육아의 어려움

9장 가족 간 갈등

10장 노후에 대한 불안

나는 내가 속한 공동체의 중심에 있지 않고,
타인은 나의 기대를 만족시키기 위해
존재하는 것이 아니다.

1장

자신에 대한 불안

거절을 못 한다

남의 말을 거절하지 못 합니다. 친구가 만나자고 하면, 사실은 집에서 쉬고 싶어도 나갑니다. 그리고 타인이 나를 어떻게 생각할지 신경 쓰여서 속마음을 제대로 털어놓지 못 해요. 이런 성격이 너무 싫은데 어쩌면 좋을까요.

타인의 생각은 타인의 문제일 뿐이다

당신은 '속마음을 털어놓지 못하는' 문제의 원인을 '타인이 어떻게 생각할지 신경 쓰여서'라고 이야기하고 있다. 자신에게 의견을 구할 때 생각을 말하는 것과 본심을 말하는 것은 다르다. 예를 들어 친구가 어디 놀러 가자고 했을 때 거절하거나, 무언가에 의견을 구할 때는 자기 생각을 확실하게 말해야 한다.

친구가 놀자고 했을 때 놀고 싶은지, 놀고 싶지 않은지는 깊이 생각하지 않아도 알 수 있다. 놀기 싫으면 "놀기 싫다"고 말하면 된다. 내가 놀기 싫다고 하면 상대가 싫어하지 않을까 걱정된다고? 그것은 상대방의 문제일 뿐이다. 당신은 함께 놀지 말지만 결정하면 된다. 자신의 의견을 내놓을 때도 마찬가지다. 타인이 어떻게 평가할지, 의견을 내놓는 당신을 어떻게 생각할지 하는 것은 당신의 과제가 아니다.

속마음을 말할 수 없는 사람은 혼자 있으면 된다. 누구에게나 본심을 말할 필요는 없으며, 애초에 그것은 불가능한 일이기도 하다. 그런데도 당신은 항상 속마음을 말해야만 한다는 불가능한 목표를 내걸고, 그것이 어렵다는 이유로 인간관계를 피한다.

아무 말도 하지 않으면 풍파도 일지 않고 마찰도 생기지 않는다. 하지만 긴 안목으로 봤을 때는 인간관계에 악영향을 미친다. 무슨 생각을 하는지 알 수 없는 사람은 무언가 감추고 있는 듯한 좋지 않은 인상을 주어서 주위에서 꺼리기 때문이다.

모든 관계에서 속마음을 솔직하게 말해야 할 이유는 없다. 그리고 속마음을 털어놓은 후 타인의 생각은 신경 쓰지 않아도 될 타인의 과제일 뿐이란 것을 기억하자.

사람들 앞에서 긴장한다

사람들 앞에 서면 심하게 긴장하고 떨려서 제대로 말도 못합니다. 어떻게 하면 좋을까요.

솔직하게 '긴장된다'고 말한다

긴장하는 것 자체가 나쁜 것만은 아니다. 적당한 긴장은 능력을 발휘하는 데 도움을 주기 때문이다. 다만, 정도가 과할 때는 사람을 위축시킬 수 있어서 문제가 될 수 있다. 사람들 앞에서 말할 때 긴장하는 데에는 두 가지 이유가 있다.

첫째, 제대로 말하지 못했을 때 변명거리가 필요하기 때문이다. 즉, 긴장만 하지 않았다면 잘할 수 있었다고 말하고 싶은 것이다. 그러나 긴장하지 않았더라도 결과는 같았을지 모른다.

둘째, 이야기를 듣는 사람을 신뢰하지 못하기 때문이다. 당신의 생각을 깔보거나 비웃을까 봐 걱정이 되는 것이다. 하지만 그런 태도로 남의 말을 듣는 사람은 거의 없으며, 있다 하더라도 소수에 불과하니 신경 쓰지 않아도 된다.

당신은 지금 떨려서 제대로 말도 못한다. 그런데 말을 잘하고 싶다는 이상을 가지고 있다. 이 둘 사이의 차이가 클수록 긴장의 강도는 커진다. 이 점을 염두에 두고 사람들 앞에 서보자.

그래도 떨린다면 애써 감추지 말고 "저 지금 몹시 긴장됩니다"라고 말해보자. 처음부터 그렇게 털어놓고 나면 마음이 편해진다. 당신이라면 긴장해서 제대로 말하지 못하는 사람을 깔보고 비웃겠는가? 아닐 것이다. 마찬가지로 대부분 사람 역시 응원하는 마음이 되고, 적어도 비웃지는 않을 것이다. 그러면 당신도 사람들을 신뢰할 수 있게 되어 긴장도 덜하게 된다.

타인의 의견에 의존한다

결정해야 할 일이 생기면 도저히 혼자 결정할 수 없어요. 그런 때는 타인의 의견에 귀를 기울이곤 합니다. 내 인생을 남에게 의지하고 싶지는 않은데, 방법이 없을까요.

다른 사람의 인생을 살지 않는다

살다 보면 결단을 내리기 어려운 때가 종종 있다. 특히 결정 자체는 어렵지 않지만 그 결정에 책임을 져야 할 때는 더욱 그렇다. 스스로 결정할 수 없을 때 사람들은 어떻게 할까? 흔히 볼 수 있는 것이 다음의 두 가지다.

첫째, 계속 고민한다. 이렇게 하는 데는 목적이 있다. 결정을 하지 않기 위해서다. 고민하기를 멈추면 결정을 해야 하기 때문에 끝없이 고민만 계속하는 것이다.

카운슬링에서 조언을 했을 때 실행하기를 주저하는 사람이 많다. 그들에게 나는 언제 실행할지를 묻는다.

"오늘 할 건가요? 아니면 일주일 후? 한 달 후?"

고민을 오래 한다고 해서 실행할 마음이 생기는 것은 아니다. 오늘 행동에 옮기지 못하는 사람은 한 달 후에도 마찬가지다. 나중으로 미루지 말고 지금 여기서 결정하고, 실행할 방안을 바로 찾아야 한다.

둘째, 타인의 의견에 의존한다. 혼자 힘으로는 정할 수 없거나 그에 따르는 책임을 지고 싶지 않기 때문이다. 그러나 내 인생은 다른 사람이 아니라 바로 나의 것이다. 타인의 생각에 한 번뿐인 내 인생을 맡길 순 없다. 남의 말에 따라 행동한다면, 자신이 그런 결정을 한 것이 아니므로 책임이 조금 가볍다고 생각될 것이다. 심지어 나쁜 결과가 빤히 보여도 체념하듯 받아들이기도 한다. 이런 사람은 다른 사람의 인생을 사는 것이다.

나에게도 개명을 하라고 조언한 사람이 있었다. 이름을 바꾸지 않으면 불행해진다며 매우 진지하고 적극적으로 권했다. 물론 나는 그의 말을 따르지 않았다. 그런데 만약 타인의 의견에 좌지우지되는 사람이라면, 이런 말을 듣고 나서 좋지 않은 일을 당하면 개명을 하지 않아서라고 생각하게 된다. 살다 보면 충분히 있을 수 있는 일들에 대해서도 말이다.

아들러는 원래 인과관계가 전혀 없는데 인과관계가 있는 것처럼 보이는 것을 "겉으로 보이는 인과율"이라고 했다. '어떤 불행한 일'의 원인을 '이름을 바꾸지 않은 것'과 연관시키는 것이 그 예다.

미래는 정해져 있지 않다. 만일 정해져 있다면 인생이 조금도 즐겁지 않을 것이다. 현재가 힘들고 고통스러워도 앞으로 어떤 일이 일어날지 알 수 없고, 또 인생을 바꿀 수 있다고 생각하기 때문에 삶이 가치가 있다. 항상 생각대로 되는 건 아니라고 하더라도, 바꿀 수 있다는 가능성이 있기에 최선을 다할 수 있다.

항상 후회한다

나는 무얼 해도 후회합니다. 예전에는 매사 결정을 못 내리고 망설여서 기회를 놓치는 일이 많았습니다. 그래서 절대 망설이지 말고 결정하자고 다짐했는데, 이제는 후회하는 일이 더 늘었어요. 후회하지 않으려면 어떻게 해야 할까요.

어떤 결정이든 '후회는 따르기 마련'이라고 생각해보라

예전에 망설임이 심했던 이유는 결정하고 싶지 않아서 였을 것이다. 망설이는 동안에는 결정을 하지 않아도 되고, 그에 따르는 책임을 지지 않아도 되기 때문이다. 그러나 언젠가는 반드시 결정해야 한다. 어차피 결정해야 한다면 '지금' 하는 것이 낫다.

망설이는 것은 없어졌지만, 이번에는 후회하는 일이 늘었다. 산 하나를 넘고 보니 또 다른 산을 만난 격이다. '어떤 결정을 하건 후회는 따른다'고 생각해보라고 권하고 싶다. 이렇게 생각해두면 결정 후 후회하는 마음이 생기더라도 더 편안히 받아들일 수 있다.

다른 선택을 하더라도 마찬가지였을 거라며 스스로를 다독일 수 있기 때문이다. 또, 이미 후회하리라는 것을 알았기 때문에 괴로워하지 않게 된다. 이렇게 편안한 상태에서 냉정하게 돌이켜보면 자신의 선택을 지지할 수 있는 이유도 찾을 수 있다.

직업에 만족할 수 없다

카운슬링 일을 하고 있습니다. 나의 조언으로 내담자가 용기를 얻고 행동에 나서는 것을 보면 보람을 느낍니다. 나의 조언이 헛되지 않았다, 상대가 받아들였다는 생각에 마음이 뿌듯해지기도 합니다. 그런데 스스로에게 "나는 행복한가?" 하고 물었을 때 "그렇다"라는 답이 선뜻 나오지 않습니다.

남에게 인정받으려 하지 말라

심리 상담 일을 하고 싶다는 사람이 많은데, 다른 사람의 이야기를 들어주는 것은 솔직히 말해서 즐거운 일이 아니다. 그냥 듣기만 해서는 안 되고 정확한 조언을 해야 하기 때문에 친구와 나누는 이야기와 달리 상당히 피로하다.

이전에 근무했던 병원에서도 카운슬러로 일하고 싶다는 젊은이들의 면접을 수차례 본 적이 있다. 안타깝지만 그들 대부분은 지식이나 경험이 부족해서 채용되지 못했다. 그러나 어떤 분야든 처음에는 누구나 초보자다. 중요한 것은 카운슬링을 하고 싶어 하는 동기다.

나는 오랫동안 간호학교와 간호대학에서 학생들을 가르쳤는데, 기회가 있을 때마다 그들에게 왜 간호사가 되려 하느냐고 물어보았다. 간호사 외에도 직업이 많은데 어째서 사람의 생명을 다루는 일을 하려는지 궁금했기 때문이다.

그런 나의 질문에 이런 대답을 한 학생이 있었다.

"퇴원하는 환자에게 '고맙다'는 말을 듣고 싶어서요."

나는 그 학생의 말에 깜짝 놀랐다. 병원에 취직한다 해도 어느 부서에 배정될지 알 수 없다. 환자에게 고맙다는 말을 들을 수 없는 부서로 갈 수도 있다는 뜻이다. 만일 집중치료실이나 수술실에서 일하게 된다면 어떨까. 그곳 환자들 대부분은 의식이 없으니 감사의 말을 기대할 수 없다. 내 경험으로는 수술실로 옮겨져 "자, 마취 시작합니다"라는 마취과 의사의 말을 듣고 얼마 안 돼서 의식을 잃었다. 깨보니 회복실이었다.

이런 상황에서 환자는 간호사나 의사에게 고맙다는 말을 할 틈도 없다. 그러니 그런 말을 기대하고 간호사가 된 사람은 자신이 기여한 바를 인정받기가 쉽지 않다. 실제로도 그 때문에 일할 의욕을 상실하고 그만두었다는 간호사들의 이야기를 심심찮게 듣기도 했다.

간호사는 자신이 돌봐준 환자가 건강을 되찾으면 그것만으로도 자부심을 가지는 것이 좋다. 감사를 기대하는 사람은 환자가 아니라 자신에게만 관심이 있는 것이다. 의료인에게 필요한 것은 환자에게 감사받고 싶다는 인정 욕구가 아니라 이 사람의 병을 낫게 해주고 싶다, 반드시 치료해야겠다고 하는 마음가짐이다. 자기만족과는 거리가 멀다.

카운슬링의 목적은 문제를 자력으로 해결하도록 돕는 것

카운슬링도 마찬가지다. 내담자가 자신의 조언을 받아들이고 기뻐해서 뿌듯함을 느끼고 만족했다면 내담자보다는 자신에게만 관심이 있는 것이다. 상대가 고민을 털어내고 힘을 얻는 것은 물론 기분 좋은 일이다. 하지만 카운슬링은 상대를 기쁘게 해주는 것이 목적이 아니다. 문제를 자력으로 해결할 수 있도록 조언하는 것이 핵심이다. 내담자가 자력으로 해결하는 데 자신이 힘이 되었다는 사실만으로도 뿌듯함을 느낄 수 있으며, 굳이 고맙다는 말을 들어야 하는 것은 아니다.

당신은 내담자한테 "선생님 덕분에 좋아졌다"는 말을 들음으로써 자신의 능력을 인정받고 싶은 것이다. 이는 당신이 자신의 가치를 내담자에게 인정받는 것으로 평가하고 있음을 드러낸다. 더 큰 문제는 그렇게 말하는 내담자 역시 당신에게 의존하게 된다는 것이다.

아들러는 "환자가 의존하게 하거나 무책임하게 방치해선 안 된다"고 말했다. 카운슬러는 내담자가 '의존'하지 않도록 해야 하며 카운슬링을 받은 사실조차 잊을 수 있도록 해야 한다.

여기서 '무책임'이란 내담자에게 "당신 탓이 아니다"고 말하는 것을 일컫는다. 그러면 환자나 내담자는 자신에게는 책임이 없다고 생각해버린다. 따라서 스스로 책임지고 자신을 치료하려는 노력을 포기하는 결과가 된다.

일로 느낄 수 있는 보람은 타인의 인정으로 얻을 수 있는 것이 아니다. 자신의 가치를 절대 남에게 인정받으려 하지 말라.

타인과 가까워지는 방법을 모르겠다

처음 만난 상대와 가까워지려면 어떻게 해야 하나요? 소지품이나 옷을 칭찬하면 거리를 좁힐 수 있다고 생각했습니다. 그런데 그게 생각과 정반대 효과가 나는 경우가 종종 있습니다.

목적이 있는 칭찬은 오히려 역효과를 가져온다

상대와 가까워지려는 목적을 가지고 칭찬해야겠다고 하는 것은 잘못된 생각이다. 그런 저의가 들통나면 상대가 오히려 방어적으로 나와 친해지기가 더 어려울 수 있다. 빤히 보이는 인사말은 듣는 사람에게 반발과 반감을 불러일으킨다.

상대에게 상처를 주지 않도록 주의하면서, 필요 이상으로 상대의 말을 넘겨짚지 말고 자연스럽게 말하도록 노력해보라. 시간이 지나면 저절로 가까워진다. 너무 서두르지 말고, 사람 사이를 좁히는 데에는 시간이 필요하다는 점을 기억하라.

어른이 된다는 것은 어떤 것일까?

어릴 적부터 계속 부모님과 같이 살아서 아직도 나 자신이 어린 아이처럼 생각됩니다. 어른이 된다는 것은 어떤 건가요?

스스로 결정하지 못하면 어른이 아니다

나의 어머니는 젊은 나이에 돌아가셨다. 생각지 못한 죽음이었다. 그리고 그해 나는 결혼했다. 아직 학생이어서 결혼 후에도 아버지와 같이 살았는데 결혼하기 직전에 아버지는 내게 이렇게 선언하셨다. "결혼을 하면 너도 이제 가장이니 앞으로 경제적인 지원은 일절 없다"라고.

그 전에도 딱히 도움을 받은 것 같지 않아서 아버지의 선언이 새삼스러웠다. 하지만 생각해보니 태어나서 그때까지 부모님이 공짜로 키워준 게 사실이었다.

당시 스무 살이 넘었기 때문에 나이로 따지면 '어른'이었다. 그런데 경제적인 지원을 끊겠다는 아버지의 말을 들었을 때 비로소 '정신 차려야 한다. 언제까지 자신을 어린아이로 생각해선 안 된다'는 자각이 생겼다.

어른이 되는 것은 나이와 관계없다. 나이를 먹는다고 자동으로 어른이 되는 것은 아니다.

나는 초등학생 때 어른이 되어야 한다고 생각한 적이 있었다. 어느 날, 친구가 같이 놀자고 전화를 했다. 우리 집은 학교에서 멀리 떨어진 곳에 있어서 일단 집에 돌아오면 다음 날 아침까지 밖에 나가는 일이 거의 없었다. 그날은 친구의 전화를 받고 곁에 계시던 어머니께 "놀러 가도 돼요?" 하고 물었다. 그러자 어머니는 "그런 건 네가 알아서 해"라고 하셨다. 어머니 말씀을 듣고 보니 몹시 창피했다. 스스로 결정하지 못하는 자신이 어린아이라는 생각이 들어서였다.

어른으로서 필요한 세 가지 자격

어른이 된다는 것은 어떤 것일까? 다음의 세 가지로 정리할 수 있다.

첫째, 자신이 결정해야 하는 것을 스스로 결정할 수 있어야 어른이다. 방과 후 친구가 놀자고 전화했을 때 부모에게 묻지 말고 갈지 말지 스스로 결정해야 했다. 그런데도 어머니에게 물은 것은 아직 자신의 행동에 책임을 져선 안 된다, 질 수 없다고 생각했기 때문이다. 초등학생이 스스로 책임질 수 있는 일은 그다지 많지 않지만 놀러 나가는 문제 정도는 스스로 정할 수 있다.

나이로 봐서는 어른이지만 자신의 인생을 스스로 결정하지 못하는 사람이 있다. 어느 학교에 갈지, 어떤 직업을 가질지, 누구와 결혼할지 하는 선택이 그렇다. 스스로 결정하지 못하는 것은 일이 잘 되지 않았을 때 그 책임을 타인에게 전가하기 위해서다. 그런 사람은 '어른'이라고 할 수 없다.

둘째, 자신의 가치를 스스로 결정할 수 있어야 어른이다. 어릴 적부터 칭찬만 받고 자란 사람은 어른이 되어서도 누군가의 승인을 받고 싶어서 자신의 가치를 스스로 결정하지 못한다. 자신의 생활방식이 옳은지 확신하지 못해서 누가 괜찮다고 하면 기뻐하고, 비판하면 순식간에 생활방식을 바꾸는 사람은 어른이라고 할 수 없다. 그렇게 타인의 승인과 평가에 의지하는 사람은 타인에게 의존하기 때문에 어른이라고 할 수 없다.

셋째, 자기중심적인 생각에서 벗어날 수 있어야 어른이다. 어릴 적에는 어른의 도움이 없으면 살아갈 수 없다. 아이가 울면 어른은 한밤중에도 보살펴준다. 그러나 차츰 그렇게 끊임없이 돌보지 않아도 되고 아이 스스로 할 수 있는 일, 혹은 스스로 해야 하는 일이 늘어난다. 그런데도 계속 아이로 있고 싶어 하는 사람은 스스로 할 수 있는 일도 할 수 없는 척해서 부모의 도움을 받으려고 한다. 스스로 책임지지 않기 위해서다. 부모도 자식이 아무것도 할 수 없다고 생각해 자식의 과제를 대신 떠맡으면서 자기 생각을 강요한다.

어른이 된다는 건 자신의 과제를 스스로 해결할 수 있는 것이다. 자신은 절대 자신이 속한 공동체의 중심에 있는 것이 아니고, 타인은 자신의 기대를 만족시키기 위해 존재하는 것이 아니라는 사실을 아는 것이다.

당신은 자신을 어른이라고 생각하는가?

어른이 된다는 건
자신의 과제를 스스로
해결할 수 있는 것이다.

자신의 가치를
남에게 인정받으려
하지 말라.

진심으로 마음을 터놓을 수 있는
친구 한 명만 있으면 충분하다.

2장

친구와의 갈등

외톨이가 될까 봐 두렵다

사람과 친하게 지내는 방법을 모르겠습니다. 어느 정도까지 친해져도 되는지 가늠이 안 돼요. 너무 스스럼없이 굴었다가는 예의가 없다거나 뻔뻔하다는 인상을 주진 않을까 걱정이 됩니다. 한편, 아무도 말을 걸지 않고 모임에 끼워주지 않으면 따돌림당한 것 같아 기분이 상합니다. 친구 관계가 원만한 사람이 부럽습니다. 이러지도 저러지도 못하는 자신이 정말 싫어요.

마음을 터놓을 수 있는 친구 한 명이면 충분하다

타인의 과제에 간섭하지 않으면 뻔뻔하다거나 너무 스스럼없어서 예의 없다는 인상을 줄 일은 없다. 즉, 상대가 결정해야 하는 일에 그가 요구하지도 않았는데 자신의 의견을 말할 필요는 없다.

요구하지도 않는데 자신의 의견을 말하는 사람이 종종 있다. 이런 사람들은 대개 자기 생각이 유일하고 절대적이라 여겨 상대의 반론조차 인정하지 않는다. 이런 사람은 당연히 경계 대상이 된다.

친구 관계로 상담을 할 때면 항상 같은 말을 반복하게 되는데, 바로 이것이다. '친구는 많지 않아도 된다. 진심으로 마음을 터놓을 수 있는 한 명만 있으면 충분하다.'

마음을 터놓을 정도로 친하지 않더라도 자신이 먼저 연락하길 꺼릴 이유는 없다. 아무도 불러주지 않는다고 우울해 하는 것보다는 훨씬 나은 방법이다. 단, 거절당할 수도 있다고 편하게 생각해야 한다. 그렇다고 그가 당신을 미워하는 것은 아니다. 그럴 때는 다음 기회에 만나면 된다.

혹시 만나자고 할 때마다 거절하는 사람이 있다면 너무 급하게 서두르지 말고 서서히 가까워지도록 노력하는 것이 좋다.

동창회에만 갔다 오면 우울하다

사회에 나와서도 고등학교 동창생과 정기적으로 모임을 갖습니다. 친구들은 다들 좋은 직장에 들어가 나름대로 활약하고 있습니다. 그중에 내가 가장 월급이 적고, 이 사실을 친구들도 다 알고 있으리라 생각합니다. 그런데도 동창회에만 나가면 나도 모르게 허세를 부리고 회사에서 인정받는 양 거짓말을 하게 됩니다.

매번 집에 돌아오면 자기혐오에 빠지거나 친구들과의 '차이'에 우울해집니다. 여자친구가 "그럴 거면 모임에 나가지 마"라고 할 정도입니다. 하지만 애써 이어온 교류를 끊어버리면 외로워질 것 같고, 내가 모임에 빠지면 뒤에서 수군거릴까 싶어서 또 그냥 참석하게 됩니다.

기분이 우울해질 일을 계속할 필요는 없다

동창회에 참석해 기분이 우울해진다면 차라리 나가지 않는 것이 좋다. 친구는 고등학교 동창생이 아니어도 되고, 많을 필요도 없다. 마음을 터놓을 수 있는 친구 한 명이면 족하다. 많은 친구와 관계를 유지하기 위해 동창회에 나갈 필요는 없다.

당신은 동창회에 '그냥' 참석하게 된다고 말했지만, 꼭 그렇지는 않을 것이다. 아마도 매번 큰 결심을 하고 나갈 것이다. 그런데도 '그냥' 참석한다고 말하는 것은 가기 전부터 상황이 어떻게 흘러갈지 안다는 걸 스스로 숨기고 싶어서다. 즉, 다녀와서 우울해지거나 낙심할 거라고는 전혀 생각하지 못했다고 말하고 싶기 때문이다.

당신이 동창회에 참석한 후 '매번' 기분이 우울해진다면 우울해지기 위해서 참석하는 것이라고밖에 생각할 수 없다. 더 분명하게 말하자면, 자신을 친구와 비교해 낙담하면서 자신에게 가치가 없다고 생각하고 자신을 싫어하기 위해서다.

사람들은 보통 자신에게 가치가 없다고 여길 경우 인간관계 속으로 적극적으로 들어가자는 생각은 하지 않는다. 그런데도 당신은 자신을 싫어하고자 하는 결심이 흔들리지 않도록 동창회라는 비교적 안전한 모임을 이용하는 것이다. 지금 당신은 자기혐오에 빠지기 위해서 동창회에 가는, 꽤 골치 아픈 일을 한다고 할 수 있다.

'모임에 빠지면 뒤에서 수군거릴까 싶어서'라는 문구에도 주목할 수 있다. 다른 사람이 자신을 어떻게 생각할지 신경 쓰이는 것이다. 그러나 당신이 모임에 참석하지 않아도 당신을 화제로 삼는 사람은 아무도 없다.

나는 특별한 이유 없이 동창회에 오랫동안 나가지 않았다. 최근 들어 참석하기 시작했는데, 몇 번은 지난 1년 사이 세상을 떠난 친구들을 기리는 묵념으로 시작되곤 했다. 이제 그럴 나이가 된 것이다. 동창회에 가서야 친구의 죽음을 알게 되는 경우도 드물지 않다. 그런 때면 큰 충격을 받지만 묵념이 끝나면 더는 화제 삼지 않고 다른 이야기로 꽃을 피운다. 오랜만에 만났으니 할 얘기가 많은 것이다. 그러니 당신을 험담하리라는 생각은 하지 않아도 된다.

늘 징징대는 친구를 피하고 싶다

얼굴만 마주치면 자신에 대해 부정적인 이야기를 하는 친구가 있습니다. 긍정적인 조언을 해도 "어차피 나는 안 돼"라면서 들으려 하질 않아요. 실컷 푸념을 늘어놓은 다음에는, 역설적으로 자기계발을 해야 한다며 세미나에 같이 가자고 나를 끌어들이는 일도 많아 성가십니다.

이유를 대지 말고 처음부터 이야기를 듣지 않는다

자신이 얼마나 약하고 힘든지 호소해 주위의 시선을 끌려는 사람들이 있다. 주목을 받기 위해서라면 '부정적인 이야기'의 내용은 무엇이든 상관없다. 게다가 그 이야기를 잘 들어주지 않는 사람이 있으면 그 사람을 공격하기도 한다.

그런 사람에게 "무슨 말인지 잘 안다"고 공감을 표해주면 "당신은 절대 모를 거야"라고 나온다. 그럴 거면 왜 말하나 싶어지는 황당한 반응이다. 그 사람이 그렇게 반응하는 이유는 애초에 상의해서 조언을 얻자는 생각 자체가 없기 때문이다. 그냥 주목을 받는 데에만 목적이 있을 뿐이다.

당신이 그 친구의 이야기를 듣고 싶지 않다면 "듣고 싶지 않다"고 확실하게 말해야 한다. 세미나에 같이 가자거나 어떤 종교를 같이 갖자고 하는 권유도 관심이 없으면 깨끗이 거절해야 한다. 시간이 없다거나 바쁘다는 이유를 대면 "그럼 언제가 좋아?"라고 매달리기 십상이므로 이유는 대지 말고 거절하는 것이 좋다. "왜?" 하고 물으면 "그냥"이라고 대답하면 된다. 그렇게 했을 때 상대가 좋아할 리는 없겠지만, 앞으로의 관계를 위해서도 이렇게 하는 게 좋다.

거절할 때 이유를 말하지 않는 편이 좋은 것은 이유를 말하면 상대가 더욱 크게 기대하기 때문이다. "그냥"이라고 답했을 때 끈질기게 "왜?"라고 계속 물으면 "더는 말하고 싶지 않다"고 잘라버리면 된다.

친구가 멀어질까 봐 걱정된다

세 명이 친하게 지내고 있습니다. 얼마 전부터 그중 한 명과 이유 없이 서먹해졌는데, 다른 친구와도 멀어질 것 같아서 두려워요. 잘 지내려면 어떻게 해야 할까요?

진정한 친구는 떠나지 않는다

인간관계의 '삼각형'을 생각해보자. 이유 없이 서먹해진 친구를 A라고 해보자. 당신과 A 사이는 당신과 A가 동시에 알고 있는 친구 B와는 아무 관계가 없다. A와 서먹해진다고 해서 B와도 그렇게 되는 것은 아니다. B가 당신과 A의 관계를 어떻게 보느냐는 B의 과제라서 당신이 할 수 있는 것은 없다. 그러나 B가 진정한 친구라면 당신과 A의 관계를 알아도 당신을 떠나는 일은 없을 것이다.

자신에게
가치가 없다고 느끼면

인간관계 속으로
들어갈 용기를 내지 못한다.

결혼한 친구와 소원해졌다

나는 결혼보다 우선하고 싶은 것이 있어 아직 결혼하지 않았고 그것을 후회하지는 않습니다. 그런데 나이가 들면서 친구들이 하나둘 결혼하고 아이를 낳자 이제는 부담 없이 만날 수 있는 친구가 별로 없습니다. 지금 자주 만나는 친한 친구들도 언젠가는 멀어지겠구나 생각하니 마음이 허전합니다.

만나지 못한다고 멀어지는 것은 우정이 아니다

상황이 바뀌면 예전처럼 만나지 못하게 되는 것은 당연한 일이다. 결혼 전에는 일을 하면서 짬을 내어 만났던 친구도 결혼하면 배우자와의 관계가 우선이 되기 때문이다. 더욱이 아이가 생기면 더더욱 시간을 내지 못한다.

그러나 예전처럼 부담 없이 만나지 못해 아쉬운 것은 당신만이 아니다. 결혼한 친구들도 당신을 만나지 못하는 것을 아쉬워할 것이다. 결혼으로 만나지 못한다고 해서 아예 모르는 사이처럼 되는 우정이라면 애초에 그 정도의 관계였다고 생각하면 된다.

뒤에서 내 험담을 하는 친구

가깝게 지냈던 친구와의 사이가 예전 같지 않습니다. 내가 힘들었을 때 이야기를 들어주고 조언해준 덕분에 어려운 시기를 극복할 수 있었는데, 뒤에서 내 험담을 한다는 소리를 들었습니다. 그 후로는 이전처럼 속마음을 털어놓을 수 없습니다. 어떻게 하면 좋을까요.

진실을 알 수 없는 소문에 휘둘리지 마라

친구가 뒤에서 험담을 했는지 어떤지 사실은 알 수 없다. 소문일 수도 있다. 만일 그 친구와 계속 잘 지내고 싶다면 험담을 했는지 직접 물어보면 된다. 당신과 그 친구의 관계를 질투하는 누군가의 모함일 수도 있다. 소문만으로 고민하기보다는 당사자에게 직접 물어봐서 진상을 확인하는 것이 좋다.

물론 물어보지 않는 선택지도 있다. 친구가 그럴 리 없다고 절대적으로 신뢰한다면, 소문이 어떻든 신경 쓸 이유가 없을 것이다.

이렇게 생각하면, 당신이 마음을 열 수 없게 되고 둘의 관계가 어색해진 것은 소문 때문이 아니라고도 볼 수 있다. 그 이야기를 듣기 전부터 이미 당신 안에서 그 친구에 대한 감정이 달라진 것이다. 그렇지 않으면 진실이 무엇인지 알 수 없는 소문에 휘둘릴 까닭이 없다.

어쨌든 우정이라고 해서 늘 변함이 없는 건 아니란 사실도 알아두어야 한다. 한때 엄청나게 친했던 친구라 해도 시간이 지남에 따라 관계가 느슨해지고 서먹서먹해지는 일은 당연히 일어난다. 그 친구에게 도움을 받은 것은 사실이지만, 그렇다고 해서 그 관계가 언제까지나 계속되지는 않는다는 것을 기억해야 한다.

약속을 지키지 않는 친구

약속 시각에 늦는 건 다반사이고, 약속을 취소해버리는 친구 때문에 속상합니다. 돈에 대한 개념도 부족해요. 그래도 앞으로도 잘 지내고 싶다는 생각에 짜증을 내거나 문제를 지적하기보다는 그냥 참곤 합니다. 그렇지만 가끔은 너무나 화가 나서 용서하고 싶지 않을 때도 있습니다.

잘못된 점을 분명하게 지적한다

돈에 대한 개념이 없고 약속 시각에 늦는 사람과 가깝게 지내면서 피해를 볼 필요는 없다. 진심으로 그 사람과 관계를 지속하고 싶다면 상대의 문제에 눈감아선 안 된다. 돈에 대한 것도, 약속에 대한 것도 정확히 지적해야 한다. 친구이기 때문에 그렇게 할 수 있는 것이다. 속상해도 참아야 하는 관계라면 일찌감치 정리하는 것이 낫다. 진정한 친구라면 지적했다고 사이가 나빠질 리 없다.

약속을 지키는 것은 그 사람의 과제다. 하지만 약속에 늦거나 갑자기 취소하면 당신에게도 피해를 주게 되므로 그 사람과 당신의 공동과제가 된다. 친구가 약속 시각에 늦거나 갑자기 약속을 취소하면 이후 일정에 지장이 생긴다. 단순히 두 사람이 만나지 못한 것으로 끝나지 않고, 그 시간에 당신이 할 수 있었을 다른 일을 하지 못하게 되는 것이다. 지각이나 갑작스러운 취소에 대해 이야기를 하고 싶다고 말을 꺼내 당신의 생각을 분명하게 전하라. 만일 그 사람이 진정한 친구라면 불평을 말한다고 해서 우정이 물거품이 될 리 없다.

그 사람이 '항상' 지각하고 약속을 갑자기 취소하는 건 아닐 것이다. 만일 그 사람과 친구로 지내고 싶다면 정각에 왔거나 약속을 취소하지 않았을 때 "오늘은 기다리지 않아서 좋았다"라고 말해도 좋을 것이다.

또 가령 친구가 늦게 왔더라도 지각했다는 사실보다는 일단 나왔다는 데 주목하여 "와서 기쁘다"라고 말해보면 어떨까. 어떤 행위의 부적절한 면보다 적절한 면에 주목하는 것이다. 이렇게 하면 친구의 태도에도 변화가 나타날 것이다.

친했던 친구에게 배신감을 느낀다

예전에 친하게 지냈던 사람이 뒤에서 나의 험담을 한 적이 있습니다. 정말 알 수 없는 게 사람이란 생각이 들었고, 그 충격 때문에 그 후로는 사람 사귀는 것이 두려워졌습니다. 하지만 가까이 지내는 사람이 없다는 건 무척 쓸쓸한 일입니다. 그래서 새로 친구를 사귀로 싶은데 그게 잘 안 되네요.

사람과의 관계를 피하기 위한 구실이 아닐까

습관처럼 남의 험담을 하는 사람이 종종 있다. 그런 사람들에게는 믿음이 가지 않는다. 친한 친구였는데 그가 험담을 자주 한다는 사실을 알게 되면, 자연히 불신이 생기고 가까이하기가 꺼려질 것이다. 더군다나 자신에 대한 험담을 하고 다닌다는 걸 알게 되면 배신감도 들 것이다.

그런데 '친구가 험담을 해서 그 충격으로 사람 사귀는 것이 무서워졌다'고 하는 당신의 말은 전적으로 옳을까? 그렇지 않다고 본다. 다시 같은 일을 당하고 싶지 않아서 사람과의 관계를 피하는 것뿐이다. 그러면 예전의 일과 같은 충격은 받지 않을 거라고 생각한 것이다. 즉, 험담을 지나치게 의식하면서 그것을 사람과 가깝게 지내지 않기 위한 방패막으로 삼는 것이다.

뒤에서 험담하는 사람이 없는 것은 아니지만 소수에 불과하다. 자신의 경험을 일반화해선 안 된다. 사람과 친하게 지내고 싶으면, 다소 기분 나쁜 일을 당할 걸 감수하면서 인간관계 속으로 뛰어드는 수밖에 없다.

어떤 행동이든 거기에는 적절한 면이 있다.
같은 행위의 적절한 면에 주목하면
부적절한 면에 주목하지 않을 수 있다.

3장

피하고 싶은 인간관계

싱글 모임에 나가고 싶지 않다

직장에서 미혼자들이 매달 '싱글 모임'을 갖습니다. 참가하고 싶지 않지만 거절을 하지 못한 채 그럭저럭 1년 동안이나 나갔습니다. 어떻게 하면 회원들의 기분을 상하지 않게 모임에서 빠질 수 있을까요?

상대의 기분을 상하지 않게 거절할 수는 없다

안타깝지만, 회원들 기분을 상하지 않게 하면서 거절할 방법은 없다고 생각하는 것이 좋다. 가장 자연스럽게 빠져나가려면 "이제 결혼한다"는 이유여야 할 텐데, 이게 진짜가 아니라면 더 곤란한 지경에 처할 것이다. 직장 내 모임이니 말이다.

참석하지 않는다고 하면 마찰은 생기겠지만, 그렇다고 나가기 싫은 모임에 계속 참가하면서 시간을 낭비하는 건 의미 없는 일이다. 참석하기 싫다고 이야기하는 수밖에 없다.

그 모임의 회원 중에는 당신과 같은 생각을 가진 사람도 있을 것이다. 그런 사람들과 가까이 지낸다면 '싱글 모임'에서 빠져나온다고 해도 외롭지는 않을 것이다. 당신이 의지할 수 있는 공동체나 인간관계로 그 모임만 있는 건 아니다. 혼자가 되더라도 다른 모임을 통해 친구를 만날 수 있으니 참여하기 싫은 모임에 억지로 참석할 필요는 없다.

불쾌한 부탁은 거절하고 싶다

타인이 내게 요구하는 것이 불쾌한 일일 경우 어떻게 해야 하나요? 거절하면 "당신은 자기밖에 모르는 사람이네요"라거나 "다들 참고 하는데 왜 안 하는 거예요?" 같은 말들을 합니다. 하지만 남들이 다 하든 말든 나는 불쾌한 부탁은 들어주고 싶지 않아요.

부탁을 들어줄 필요가 없다

당신이 거절했을 때 "다들 참고 한다"고 말했다는 건, 그 사람도 당신이 불쾌하게 느끼리라는 걸 알고 있다는 뜻이다. 그 사람은 자신도 그 일을 하기 싫기 때문에 직접 하지 않고 당신에게 강요하는 것이다. 그렇다면 더욱더 당신이 그 부탁을 들어줄 필요는 없다.

당신도 거절하면 되고, 다른 사람들도 거절하면 된다. 그런데도 "다들 참고 한다"는 말을 들으면 대부분 사람이 '내가 유별나게 구는 건가?' 하는 생각을 하면서 떠안는 경우가 많기 때문에 그렇게 말하는 것이다.

따라서 그런 악순환을 끊어버리기 위해 당신이 용기를 내어 거절할 필요가 있다. 스스로 하지 못하고 당신에게 부탁한 사람은 당장에는 거절이 불쾌할 수도 있을 것이다. 하지만 언젠가는 당신의 용감한 거절 덕분에 모두가 편안해지는 날이 올 것이다.

자기 자랑 때문에 속이 끓는다

시도 때도 없이 자기 자랑을 해대면서 자신이 얼마나 잘났는지 과시하는 지인이 있습니다. 같이 있으면 화가 납니다. 그냥 무시하면 될 것 같은데 나도 모르게 속이 부글부글 끓어요.

열등감에 반응하지 말고 평소처럼 하면 된다

자신이 잘났다고 자랑하는 사람은 가만히 있으면 인정받지 못한다고 생각한다. 아들러는 이렇게 우위에 서려는 사람에게는 '우월 콤플렉스'가 있다고 말했는데, 이는 열등감의 이면이기도 하다. 진짜 뛰어난 사람은 가만히 있어도 뛰어나기 때문에 굳이 자기 입으로 자랑하거나 증명할 필요가 없다.

자신감이 없는 사람은 자기 자랑을 해서 자신이 위에 서고,

당신을 아래에 두려고 한다. 당신이 화가 나는 것은 그 때문이다. 그런데 만약 당신이 화를 낸다면 권력싸움에 응하는 셈이된다.

앞으로 그 사람과 가깝게 지낼 생각이 없다면 "자기 자랑만 하는 사람은 만나고 싶지 않다"고 분명히 말하는 수밖에 없다. 그러나 만약 그 사람과 친구로 지내고 싶다면 당신은 평소대로 행동하면 된다. 그 사람은 자신을 특별하게 보이려고 애를 쓰는 것이다. 그렇게까지 하지 않아도 당신이 자신을 받아준다는 것을 알면 그편이 얼마나 홀가분한지를 당사자도 깨닫게 된다. 그러고 나면 자신이 뛰어나다는 것을 더는 자랑하지 않게 될 것이다.

진짜 뛰어난 사람은
자신의 가치를 자랑하거나
증명할 필요가 없다.

잔소리 심한 이웃, 피할 수 없을까

옆집 아주머니는 쓰레기 분리수거에 예민합니다. "음식물 쓰레기는 고양이나 새가 뒤지니까 아침 8시 전에는 절대 쓰레기봉투를 내놓지 마라"고 마음대로 규칙을 정해 강요하기도 합니다. 그건 어렵다고 말해도 도리어 화를 냅니다. 이 잔소리 심한 이웃을 어쩌면 좋을까요?

이웃의 공헌에 주목한다

이웃에 사는 사람은 전혀 모르는 사람이 아니라 자주 마주치기 때문에 가능한 한 문제를 일으키지 않는 것이 좋다.

쓰레기 분리수거 문제에서는 특히 말썽이 많아서 누구나 규칙을 지키는 게 옳다. 그 사람이 그처럼 리더십을 발휘하는 것

은 말썽이 일어나지 않도록 솔선수범하는 것이므로, 그 자체
는 오히려 고마운 일이기도 하다. 그렇지만 자신이 만들어낸
규칙을 남들에게도 강요한다면 스트레스가 될 수 있다.

먼저 그 사람에게 "항상 고맙습니다" 하고 말을 걸어보라.
그런 다음에는 당신의 사정을 설명한다. 이 사람이 강요하는
'아침 8시 이후에 쓰레기봉투를 내놓으라'는 규칙을 지키기
어려운 게 당신의 문제이므로 그 이유를 설득해야 한다.

"일찍 출근해야 해서 8시 이후에는 힘든데, 어떻게 하면 좋
을까요?" 하고 말해보자. 이렇게 말하면 자신의 생각에 동조
한다고 생각해 관계가 우호적으로 바뀔 수 있다. '쓰레기 버리
는 시간을 지시하는 것은 당신의 역할이 아니다'라는 직접적
인 표현은 오히려 관계를 더 어렵게 만들 수 있음을 기억하라.

욕설을 퍼붓는 사람은
어떻게 대해야 하나

상대가 폭언을 하고, 욕설을 퍼부을 때는 어떻게 해야 하나요?

권력싸움에 응하지 않는다

상대의 태도에 반응해 화를 내면 상대는 더욱 흥분한다. 만일 상대의 태도에 당신이 화가 나 있다면 이미 권력싸움이 시작된 것이다. 이런 권력싸움을 해결하는 방법은 하나다. 한쪽이 물러서는 것이다.

그럴 때는 "당신이 하는 말은 알겠어요. 하지만 나는 생각이 달라요" 하고 말함으로써 상대의 생각을 이해했음을 나타내고 자신은 다른 의견이 있다는 의사 표시를 하면 된다.

굳이 찬성이나 반대를 고집할 필요도 없다. "당신이 하는 말은 알겠어요"라거나 "당신은 그렇게 생각하는군요" 하고 말하면 된다. 상대의 말을 인정하고 찬성하는 것만으로 싸움을 일단락시킬 수 있기 때문이다.

언젠가 강연회에서 나의 강연 내용을 전면적으로 부정하는 사람이 있었다. 어떤 행동이든 거기에는 적절한 면이 있다. 같은 행위의 적절한 면에 주목하면 부적절한 면에 주목하지 않을 수 있다.

나는 이렇게 말했다.

"솔직히 이렇게 정면으로 반론한 사람은 지금까지 한 분도 없었습니다. 반대 의견을 말해줘서 고맙습니다."

질문 내용이나 방법이 어떻든 간에 자기 생각을 표명한 것은 그 사람의 행위에서 적절한 면이다. 내가 쓴 책을 읽거나 강연을 듣고 내 생각이 틀렸다는 사람도 많을 것이다. 그러나 반론을 제시하는 사람은 많지 않았다. 대개는 내가 없는 자리에서 그런 이야기를 하지 않았을까? 그렇게 생각하면, 그 사람이 강연에서 의견을 제시한 것은 고마운 일이다. 그 부분에 주목하자고 생각했다. 그러나 나는 그의 말에 재반론은 하지 않았다. 누군가의 반론에 귀 기울이려면 감정이 앞서면 안 된다. 상대에게 시간이 필요하다고 판단했고, 그 사람도 더는 아무 말도 하지 않았다.

별일 아닌 것에도 흥분해서
소리 지르는 친구

쉽게 감정적이 되어 소리를 지르는 친구가 있습니다. 그런 사람과는 어떻게 지내야 하나요?

쉽게 감정을 드러내는 사람은 오히려 대하기 쉽다

그런 사람이 당신 친구이고 앞으로도 가깝게 지낼 생각이라면, 그 사람에게 "흥분해서 큰 소리를 내는 것이 싫다"고 분명히 말하면 된다. 그렇게 말했는데도 태도를 고치지 않는다면, 그리고 그 태도가 싫다면 굳이 가깝게 지낼 필요가 없다.

한편, 쉽게 감정적이 되는 사람은 어떤 의미에서는 오히려 대하기가 쉽다. 개의 품종 중에 경찰견으로 활약하는 도베르만 핀셔가 있다. 일본에서는 도베르만 새끼가 태어나면 날쌔고 사납게 보이도록 귀와 꼬리를 자른다. 그래서 도베르만을 무섭게 생각하는 사람도 있다. 반면, 영국에서는 함부로 귀나 꼬리를 잘랐다가는 동물애호협회의 격렬한 항의를 받는다. 그래서 영국의 도베르만은 그다지 무섭게 보이지 않는다.

개는 꼬리로 감정을 그대로 드러낸다. 기쁠 때는 꼬리를 살랑살랑 흔들고 무섭거나 불안할 때는 뒷다리 사이에 감춘다. 이것을 보면 개가 지금 어떤 감정인지 알 수 있다. 그런데 꼬리가 잘린 도베르만은 어떤 감정 상태인지를 짐작할 수가 없다. 그래서 갑자기 개에게 물리는 사고가 자주 일어난다.

쉽게 감정적이 되는 사람은 '꼬리를 자르지 않은 도베르만'과 같다. 무얼 느끼고 어떤 생각을 하는지 쉽게 알 수 있다는 뜻이다. 즉, 쉽게 감정을 드러내는 친구는 대하기 쉽다고 할 수 있다. 단, 큰 소리를 내지 말아달라고 부탁할 수는 있다.

또, 친구가 감정적이 되는 데 당신이 원인을 제공할 가능성도 있다. 그리고 어떤 때 상대를 화나게 하는지 당신이 모를 수도 있다. 만일 그 친구가 화를 낸 이유가 당신의 말이나 행동 때문이라면 소리를 지르는 대신 그 이유를 말해달라고 하면 된다. 이렇게 하면 친구도 쉽게 흥분하지 않을 것이다.

당신에 대한 외부의 평가와
당신의 본질 사이에는 아무 관계가 없다.

4장

공부와 진로

공부에 집중하기 어렵다

시험 기간인데 나도 모르게 친구와 메신저로 수다를 떨게 됩니다. 처음에는 공부에 대한 질문으로 시작하는데, 결국 평소대로 메신저를 주고받다 보면 밤늦게까지 이어집니다. 공부해야 한다는 것은 알지만 친구와 사이가 틀어질까 봐 겁나서 계속하게 됩니다. 어떻게 하면 공부에 집중할 수 있을까요?

'나도 모르게'는 없다

당신은 '나도 모르게'라고 하는데 사실은 그게 아니다. 그렇게 말해야 할 필요가 있기 때문이다. 즉 자신은 공부를 하고 싶었으나 본의 아니게 메신저를 하게 된 거라고 말함으로써 책임을 모호하게 하려는 것이다. 메신저 탓으로 돌리면 공부를 하지 못한 책임에서 조금은 벗어날 것이라 생각하기 때문이다.

'친구와 사이가 틀어질까 봐 겁난다'는 것도 마찬가지다. 이는 메신저를 계속하는 이유가 필요해서 내놓은 핑계일 뿐이 다. "내일은 시험이니까 오늘은 메신저를 하지 말자"고 해서 사이가 틀어질 사람이라면 애초에 좋은 친구라고 할 수 없다. 진정한 친구라면 대화를 오래 하지 못해도 그것으로 화를 내 지 않을뿐더러, 오히려 "이제 그만 공부하자"고 말할 것이다. 진정한 친구라면 바람직하지 않은 행동까지 감정적인 이유로 무조건 인정하진 않는다.

일하는 것이 귀찮다

직장에 다니며 일을 한다는 생각만으로도 귀찮아집니다. 딱히 취미도 없고, 유일하게 시간 때우기로 게임을 하는 편입니다. 그래서 게임회사나 스마트폰회사에서 일하면 좋겠다고 막연히 생각하고 있습니다. 즐기면서 돈 벌 수 있는 일이 있으면 가르쳐주세요.

세상에 편한 일은 없다

유감스럽지만 세상에 편히 돈 벌 수 있는 일은 없다. 그런 일이 있다면 나도 알고 싶다. 겉으로는 재미있고 편해 보이는 일도, 실제 그 안에 들어가 일로 접해보면 달라진다. 겉으로는 보이지 않는 곳까지, 남들이 보지 않는 곳에서 엄청나게 노력을 기울여야 한다.

무대에서 기타를 연주하며 노래하는 사람은 매일 오랜 시간 기타 연습을 해야 한다. 작가들도 자신의 글이 잡지에 실리거나 책으로 출판되지 않을 때에도 끊임없이 글을 쓰며 문장력을 키운다. 운동 선수가 매일 근력 운동을 하는 것과 마찬가지다.

단, 그들에게는 이런 일 자체가 고생스럽거나 고통스럽다고 여겨지진 않을 것이다. 진짜 좋아하면 시간 가는 줄 모를 만큼 빠져들기 때문이다.

게임회사나 스마트폰회사에서 일하고 싶다면 그 회사에 들어가기 위해 노력해야 한다. 분명한 것은 게임만 해서는 게임회사에서 일할 수 없다는 것이다. 좋아하는 일을 하려면, 그 일을 하기 위해 다양한 능력을 갖춰야 한다. 지금 무엇을 해야 하는지부터 고민해보자.

나의 진로를 부모가 인정해주지 않는다

부모님이 취업활동에 참견을 많이 하십니다. 좋아하는 업계를 목표로 하고 싶은데 부모님은 전통적으로 유명한 기업이 아니면 좋게 평가해주지 않습니다. 취업하기 어렵다는 점보다 부모님의 심한 간섭에 더 스트레스를 받습니다.

나와 부모의 과제가 다르다

부모님이 당신의 취업활동에 참견하는 것은 자연스러운 자식 걱정 중 하나일 것이다. 하지만 어느 회사에 입사할지는 당신의 과제이지 부모의 과제가 아니다. 즉, 부모는 자녀가 선택하려는 일에 대해 의견은 말할 수 있지만 그 이상은 할 수 없다. 부모의 참견에 짜증 내지 말고, 어떤 일을 하느냐는 자신의 과제이지 부모의 과제가 아니라고 말하면 된다.

한때 내가 영어를 가르쳤던 한 고등학생은 부모가 자신의 진로에 대해 조언하면 폭풍이 지나기를 기다리는 것처럼 조용히 참는다고 했다. 그런데 어느 날 "나의 인생이니까 내가 결정하게 해달라고 했다"는 것이다.

그런 말이 아직 어린 딸 입에서 나올 거라고는 생각지 못했기 때문에 부모님은 순간적으로 당황하셨다고 한다. 아버지가 다음 말을 꺼내기 전에 그 학생이 얼른 말했다고 한다.

"만약 내가 아빠의 생각을 따라서 아빠가 말하는 대학에 갔다고 해요. 그런데 4년 후에 이런 대학에 가지 말 걸 그랬다고 후회한다면 나는 아빠를 평생 원망할 거예요. 그래도 좋아요?"

딸의 말에 아버지는 아무 대꾸도 못 했고, 그녀는 자신이 가고 싶었던 대학에 진학해 좋아하는 일을 하게 되었다.

자신의 인생을 살아야 한다

유명 기업만 인정하는 것은 부모의 생각이므로 그것을 부정할 필요는 없다. "아빠(엄마)는 그렇게 생각하시는군요" 하고 말하면 된다. 어떤 일을 할지는 당신 스스로 결정하면 되고, 당신만이 결정할 수 있는 문제다. 부모의 의견을 참고하는 것은 좋다.

대부분 부모가 자식의 일에 대해 이러쿵저러쿵 참견하지만 그 책임은 져줄 수 없다. 자식은 부모에게 분명히 자신의 의사를 말하고 자신의 인생을 살아야 한다. 그리고 부모의 생각에 따르지 않고 자신의 진로를 스스로 결정했으면, 나중에 후회하는 일이 있어도 그 책임은 자신이 져야 한다.

직장과 결혼에 대해 잔소리하는 부모

부모님이 취업과 결혼에 대해 잔소리를 많이 합니다. 사귀는 사람은 있어도 절대 말하지 못해요. 부모님과의 이런 관계 어떻게 하면 좋을까요?

각자의 감정은 스스로 처리해야 한다

부모와 자식 관계는 매우 중요하다. 그렇지만 요즘에는 무조건 부모의 의견에 따라야 한다고 생각하는 사람은 많지 않다. 부모의 기대에 어긋나더라도 내 길을 가겠다고 잘라 말하는 사람이 늘었다. 또 자식의 인생에 간섭하지 말자고 생각하는 부모도 많이 늘었다. 어쩌면 자식의 인생을 책임지는 건 자신들이 아니라는 것을 부모가 깨달았기 때문일 수도 있다. 자신이 젊었을 때 부모의 반대로 힘들었던 기억이 있어서 그렇다는 사람도 있다.

한번은 "도저히 부모님의 기대를 저버릴 수 없다"며 어떻게 해야 부모님을 슬프게 하지 않을 수 있을까, 효도할 수 있을까 묻는 사람이 있었다. 자식이 자신의 길을 스스로 선택해야 한다는 것은 불효를 하라거나 부모를 슬프게 하라는 뜻이 아니다.

이런 문제에서는 부모 역시 관점을 전환해야 한다. 다 큰 자식을 어린아이로 보는 부모가 많다. 자녀의 선택이 마음에 들지 않더라도 부모는 그 감정을 스스로 처리해야 한다. 자식의 결혼 상대가 마음에 들지 않는다고 결혼을 막을 수는 없다. 동시에, 자식은 부모가 반발해도 자신의 과제에 부모가 개입하는 것을 막아야 한다. 대신 자신의 과제에 대해서는 스스로 책임을 져야 한다.

부모도, 자식도 각자의 인생을 살아야 한다

부모는 자식의 과제에 개입하는 것이 부모의 일이라고 생각하겠지만, 자식은 성인이 되면 자립해야 한다. 그런데 성인이 되기 전부터 자립하는 사람도 있고, 성인이 되어도 부모의 개입을 허락하며 자립하지 못하는 사람도 있다.

부모의 개입을 허락하는 것은 스스로 책임지고 싶지 않아서다. 자신의 인생을 부모에게 맡기면 편하겠지만, 취업이나 결혼이 생각대로 되지 않았을 때 아무도 책임을 대신 져주지 않는다. 다른 사람은 책임질 수 없다. 자신의 인생은 스스로 책임지는 수밖에 없다. **"나의 인생이니 스스로 결정하게 해달라"고 분명하게 말하자. 그렇게 하면 자신의 인생을 살 수 있다. 언제까지나 부모의 인생을 살 수는 없다.**

부모는 자식의 자립이 당황스럽고 계속 품 안에 두길 바라지만, 그 손을 뿌리치고 부모한테서 멀어지는 것이 결국 효도다. 부모도 언제까지나 젊을 순 없으므로 자식이 자신의 힘으로 살아간다면 마음이 놓일 것이다.

자식이 부모의 품에서 벗어난다는 의미에서 부모 역시 자립이 필요한데, 부모의 자립을 기다리기 전에 자식이 먼저 자립해야 한다.

취업이 안 되니 위축된다

취업을 하기 위해 요즘엔 거의 매일 회사를 방문하고 시험을 봅니다. 그런데 내가 들어가고 싶어 했던 회사마다 번번이 떨어졌습니다. 제가 생각만큼 가치가 없는 걸까요? 불합격이 되풀이되니 점점 자신감이 사라지고 위축됩니다.

평가와 본질은 무관하다

딸이 한창 취업 준비로 바쁘던 어느 날, 같이 저녁을 먹는데 불쑥 이렇게 말했다.

"아, 기운 빠져…."

이력서와 자기소개서의 오자와 탈자를 확인해달라고 해서 꼼꼼히 봐주었다. 내용에 대해서는 일절 말하지 않았지만, 여러 곳에 이력서를 제출하는 것도 쉬운 일은 아니구나 하는 생각이 들었다. 서류심사에서 떨어진 곳도 있고 최종면접까지 간 곳도 있는데, 한 군데서도 합격통지가 오지 않았다. 거의 매일 면접을 보러 다녀도 씩씩하게 보였던 터라 기운 빠진다는 딸의 말에 약간 충격을 받았다.

당신이 어떤 회사에 합격하지 못했다 해도 그것은 그 회사의 평가일 뿐이다. 당신에 대한 회사의 평가와 당신의 본질 사이에는 아무 관계가 없다. 예를 들어 누가 당신에게 "이상한 사람"이라고 말했다면 그 사람이 당신을 그렇게 보는 것이지, 그 사람의 견해나 평가에 따라 당신의 가치가 떨어지거나 본질이 달라지는 것은 아니다. 반대로 "좋은 사람"이라는 말을 들었어도 마찬가지다. 그 사람이 당신을 그렇게 평가한 것일 뿐, 그의 평가가 당신의 가치를 결정하지는 않는다. 그 사람의 평가와 당신의 본질 사이에는 아무 관계가 없다.

예술가 중에는 생전에 실력을 인정받지 못한 예가 많다. 그러나 세상의 인정을 받지 못했다고 재능이 없는 것은 아니다. 진정한 예술가는 외부의 평가로 일희일비하지 않고, 인정받기 위해 그림을 그리거나 곡을 만들지 않는다. 인정받기 위해 그림을 그리고 인정받기 위해 음악을 만들었다면, 그런 그림과 음악은 남들의 취향에 맞춘 것이지 자신의 것이라고 할 수 없다. 타인의 인정을 받지 못해도 자신의 작품에 가치가 있다는 것을 예술가는 알고 있다. 다른 사람의 승인은 필요하지 않은 것이다.

따라서 당신이 원하는 회사에 합격하지 못했어도 그 회사가 당신이 필요하지 않다고 판단했을 뿐이므로 그것 때문에 우울해 할 필요는 없다. 당신의 가치를 정확히 평가해줄 회사는 분명히 있다. 입사하고 싶은 회사가 있고, 그곳에 들어가기 위해 지식이 필요하다면 계속 공부하고 계속 도전하면 된다.

회사를 선택할 수 없다

여러 회사에서 합격통지를 받았습니다. 그런데 어느 곳으로 갈지 정하지를 못하겠습니다.

일단 시작하는 것이 중요하다

진학, 취업, 연애, 결혼 모두 이론적으로는 선택할 수 있지만, 중요한 지점에 '인연'이란 게 있다.

당신이 합격통지가 왔는데도 입사를 할까 말까 망설이는 것은 다른 곳에서도 합격통지를 받을지 모른다고 생각해서일 것이다. 이후에 연락이 오는 회사가 앞서 연락을 받은 곳들보다 조건이 좋을 수도 있다고 생각하는 것이다. 당신이 그렇게 목표치를 높이는 것은, 말로는 일을 하고 싶다고 했지만 사실은 그러고 싶지 않아서다. 연애에서 '운명의 상대'가 나타나기를 기다리는 것과 같다.

결정하지 못하는 이유는 또 있다. 더 좋은 조건의 일이 있다고 생각하기 때문이다. 그러나 초봉이 얼마인가 하는 정도는 알 수 있어도 입사했을 때 어떤 일을 할 수 있을지 세세하게 알 수 없다. 회사를 결정하지 못하는 사람은 자신이 모르는 부분까지 충분히 알고 있다고 생각하지만, 이는 착각에 불과하다. 구체적인 점까지 알지 못하는 이상 회사들을 서로 비교할 수는 없다. 직접 들어가 일을 해봐야 안다.

입사해서 일을 시작하더라도 자기 일을 금세 파악할 수도 없다. 어떤 일이건 실무를 비롯해 앞으로 일할 직장이 어떤 곳이며 같이 일할 사람들은 어떤 사람인지 파악하려면 적어도 몇 개월은 걸린다. 석 달 정도면 대충은 가늠할 수 있지만, 내 경험으로는 적어도 1년은 지내봐야 알 수 있었다. 1년쯤 되어야 이런저런 것들이 눈에 보인다.

나는 교토 중심부에 있는 한 정신과의원에서 근무한 적이 있다. 선배들이 말하기를, 그곳에서는 해마다 여름 축제를 하는데 다들 축제에 참가하기 때문에 축제날이 가까워질수록 병원을 찾는 환자 수가 급격히 줄어든다고 했다. 그러다가 축제의 절정 중 하나인 전야제 때는 병원이 텅 빌 정도가 된다고 했다.

갓 취업했을 때는 처음 경험하는 것들뿐이라서 놀람의 연속이었다. 1년쯤 지나니 나도 선배들처럼 지난해의 일을 떠올리며 계절별 흐름을 예측할 수 있게 되었다. 그래서 뜻밖의 상황이 생기는 빈도도 차츰 줄어들었다. 일에 익숙해졌기 때문이다.

이처럼 여러 가지가 눈에 보이게 되면 비로소 지금 회사에서 계속 일할지 어떨지 생각해도 될 것이다. 그리고 대개는, 그 정도까지 일할 수 있었다면 앞으로도 계속 일할 수 있을 것이다.

자신의 과제에
타인이 개입하는 것을
막아야 한다.

그리고

자신의 과제는
스스로
책임져야 한다.

일을 오래 하지 못하겠다

나는 대학을 졸업해도 바로 일할 생각이 없었습니다. 친구들이 취업활동으로 바쁠 때 "대학생의 본분은 공부"라며 느긋하게 지냈고, 때가 되면 어떻게든 되겠지 생각했습니다. 이후 졸업은 무사히 했지만 취직을 못 해 몇 년을 집에서 빈둥거렸습니다. 그리고 지인의 권유로 취직했는데 석 달 만에 그만뒀습니다. 앞으로 어떻게 해야 할까요?

일하는 자체로 기쁨을 느낄 일을 찾아라

대학생이 취업활동 때문에 공부에 시간을 충분히 쓸 수 없다면 그것도 문제일 것이다. 하지만 무엇을 위해 대학에 갔는지를 생각해야 한다.

졸업하면 꼭 취직해야 한다는 규칙은 없다. 그러나 "대학생의 본분은 공부"라고 한 당신의 말은 졸업 후 취직을 하지 않기 위한 명분은 아니었는지 스스로 물어봐야 한다.

또 지인의 권유로 취직했다는 말에서도 일을 하겠다는 적극적인 의지가 느껴지지 않는다. 다른 사람에게서 권유받았다는 수동적인 자세가 아니라 좀 더 강한 동기로 결정해야 한다. 그러지 않으면 앞으로도 같은 사태가 반복될 것이다.

물론 한 번 입사했다고 해서 계속 그곳에서 일해야 하는 것은 아니다. 그러나 무엇 때문에 일하는지 생각하지 않으면, 앞으로도 사소한 계기로 쉽게 그만두게 된다.

무엇 때문에 일하는가 하는 문제를 푸는 열쇠는 취업활동을 하지 않고 공부하자고 생각했던 학생 시절에서 찾을 수 있다. 그때 무엇을 위해 공부했을까? 눈에 보이는 성과와는 상관없이 배움을 통해 기쁨을 느껴서가 아닐까? 학생 때 했던 공부처럼, 일 역시 타인의 권유라는 소극적인 이유가 아니라 일하는 자체에서 기쁨을 느낄 수 있는 직업을 찾아야 할 것이다.

정말 뛰어난 사람은
자신의 우월함을 자랑하지 않는다.

5장

직장 스트레스

이곳에서 일하기 싫다

입사한 지 얼마 안 됐는데 직장을 그만뒀습니다. 대학 진학부터 취업까지 한 번도 남들에게 뒤처진 적이 없는데, 입사하자마자 방문영업 지시를 받고 최초의 좌절을 겪었습니다. 지금 생각하면 상사도 처음부터 잘할 거라고는 기대하지 않았던 것 같습니다. 그렇지만 나로서는 결과가 너무 비참했습니다.

'이곳에서 일할 수 없다'고 생각하게 된 것은 업무만이 원인이 아닙니다. 결정적인 것은 선배들이나 상사가 조금도 행복해 보이지 않았다는 것입니다. 이곳에서 일하면 저들처럼 되지 않을까 겁이 났습니다. 앞으로 어떻게 해야 할까요?

자신의 인생을 살지 않으면 아무 의미가 없다

요즘에는 취업하기 어려워 입사하자마자 퇴직을 결정한 당신을 비난하는 사람도 있었을 것이다. 혹은 당신이 지금까지 순조로운 인생을 살았기 때문에 그렇게 빨리 퇴사를 결심한 것이라며 놀란 사람도 많았을 것이다.

그러나 남이 어떻게 생각하건 '자신의 인생'을 사는 것이 중요하다. 입사한 곳이 흔히 말하는 일류 기업이어도 그곳에서 일하는 것을 자신이 받아들일 수 없다면 앞으로의 인생은 힘든 시간이 될 뿐이다. 도리어 그런 상태로 일하는 사람들에게 대체 누구를 위한 인생을 사는가 묻고 싶다.

자신의 인생을 살지 않으면 아무 의미가 없다. 그러므로 많은 사람의 기대나 자신의 예상에서 벗어나 서둘러 퇴직을 결심한 것은 당신에게 큰 의미가 있다고 할 수 있다. 처음으로 스스로 인생을 결정한 것이기 때문이다.

학생 시절, 누구의 강요 없이 스스로 배우고 싶다는 생각에서 공부한 적이 있을 것이다. 진학과 취업에 실패하는 것이 좋다고는 할 수 없지만, 지금까지 순조로운 인생을 살아온 당신에게 이번의 좌절은 큰 타격인 동시에 비로소 인생을 성찰할 기회라고 할 수 있다. 그 전까지는 생각한 적 없는, '왜 일하고, 왜 사는지'를 진지하게 생각해봤을 테니 말이다.

그런 점에서 당신이 영업에서의 실패보다 선배와 상사가 조금도 행복해 보이지 않다고 느껴 퇴직을 결심했다는 것에 큰 가치가 있다. 단순히 일이 힘들어서 그만둔 것과는 다른 의미가 있기 때문이다.

또 지금까지는 앞으로 어떻게 살지 예상할 수 있었는데, 이번 경험으로 당연할 거라 생각했던 일이 사실은 일어나지 않을 수도 있음을 알게 되었다는 점에서도 의미가 있다. 예상할 수 있다고 생각한 것은 자신의 생활을 어렴풋이 추측만 했었기 때문이다.

중학생이 고등학교에 진학하는 것은 너무나 당연한 수순이다. 그러나 고등학교 졸업 후 어느 대학에 갈지는 예측하기 어렵다. 더욱이 대학 졸업 후의 인생은 누구도 알 수 없다.

당신은, 인생이 생각만큼 단순하지 않다는 걸 깨달았을 것이다. 그렇지만 당신은 아직 젊다. 좌절에 따르는 고통을 이겨낼 수 있고 진로를 변경하는 것도 전혀 불가능한 일은 아니다.

일하기 위해 사는 것은 아니다

사람은 살기 위해 일하는 것이지 일하기 위해 사는 것이 아니다. 일을 해야만 한다는 사람이 많은데, 일하는 것은 인생의 과제 중 하나일 뿐 그것이 인생인 것은 아니다. 일 중독에 빠진 사람은 일이 인생의 전부라고 여겨서 사람들과의 교류나 사랑이라는 과제를 소홀히 한다. 그런 사람은 서른 살에 자기 집을 가질 수 있을지 몰라도 마흔에는 무덤이 만들어질 것이다. 그런 인생을 사는 것이 바람직하다고는 생각하지 않는다.

"일하는 것이 보람"이라고 말하는 사람이 많다. 듣기에는 좋아도, 만약 인간다운 삶까지 희생하며 일하는 것이라면 크게 잘못된 것이다.

어떤 일을 하느냐는 큰 문제가 아니다. 자신이 하는 일로 남들에게 무언가를 베풀 수 있다는 것이 중요하다. 그런 일을 한다면 그 일을 진정으로 좋아하게 되고, 다소 힘들어도 포기하지 않는다. 어떤 형태로든 타인에게 공헌할 수 있는 일을 찾아야 한다.

"좋아하는 것에는 노력이 필요 없다"고 자주 말하는데, 노력이 필요 없다는 것은 조금 과장한 표현이다. 어떤 일이건 습득하려면 노력이 필요하다. 단, 좋아하는 일을 하는 사람에게 그 노력은 고통이 아니다. 자신을 위해서 하는 일이 아니라 남들에게 도움이 되는 일을 한다는 자부심이 고통을 극복하는 힘이 되어 힘들어도 포기하지 않고 계속할 수 있다.

인생의 좌절은
큰 타격이지만 동시에
비로소
인생을 성찰할
기회이기도 하다.

트집 잡는 상사 밑에서 일하고 싶지 않다

일 자체는 재미있고 보람도 있는데 상사와의 관계가 좋지 않습니다. 아침에 눈을 뜰 때부터 상사의 얼굴이 떠올라 우울해집니다. 상사가 또 말도 안 되는 질책을 하지 않을까 하는 생각에 회사로 가는 발걸음이 무겁습니다.

상사와 친구가 될 필요는 없다

직장에서는 자신의 직무를 다하는 것이 우선이지 사람들과 사이좋게 지내는 것이 목적이 아니다. 물론 감정을 보이지 않고 무뚝뚝해지란 것이 아니다. 직장 내 인간관계도 서먹서먹한 것보다는 원만한 것이 좋다.

그러나 직장은 일을 하는 곳이다. 그러니 일과 직접 관계가 없는 인간관계에만 신경을 써서 일을 소홀하게 한다면 주객전도라고 할 수 있다. 일을 하는 것이 우선이므로 마음이 맞지 않는 사람이 있어도 무시하고 일을 해내야 한다.

직장에서 서로 다른 의견이 나오는 것은 당연하다. 만약 다른 사람의 생각이 틀리고 자신이 옳다면 상대가 상사라도 자기 생각을 확실하게 주장해야 한다.

'무엇'을 말하는가가 중요하지 '누가' 말하는가는 중요하지 않다. 상사라도 모든 능력을 갖춘 건 아니기 때문에 잘못된 판단을 할 수 있다. 이때 "그건 틀렸다"고 말했는데 부정적으로 받아들이는 직장이라면 앞으로 그곳에서 계속 일해도 될지 진지하게 생각해보는 것이 좋다.

그러나 그런 결심을 하기 전에 직장 분위기를 바꾸려는 노력은 해야 한다. 직장만이 아니라 어떤 조직이든 사람은 그곳에 속할 때 단순히 수동적으로 소속되는 것은 아니다. 조직에 개선해야 할 점이 있다면 속으로만 불만을 품지 말고 조직의 모습을 바꿔가야 한다. 그런 책임감을 가지는 것이 모든 조직원의 의무다.

상사의 왜곡된 인정 욕구

상사가 왜 비논리적인 방법으로 부하를 질책하는지 알면 상사가 무슨 말을 하든 동요하지 않을 수 있다. 유능한 상사는 절대 감정적으로 행동하지 않는다. 예를 들어 부하가 잘못을 지적해도 그것을 흔쾌히 받아들인다. 반대로, 부하의 생각을 수정해야 할 때는 감정적이 아니라 논리적으로 지적한다.

그런데 무능한 상사는 전혀 다르게 행동한다. 일에서는 인정받을 수 없으므로 일이 아닌 다른 것에서 자신이 뛰어나다는 것을 자랑하려 한다. 아들러는 무능한 상사가 자신이 뛰어나다는 것을 자랑하는 장소를 싸움터에 비유해 '부 전장戰場'이라 불렀다. 그리고 본래 일하는 장소를 '본 전장'이라 했다. 무능한 상사는 자신이 본 전장에서는 능력이 없다는 것을 알기 때문에 부하가 그것을 눈치챌까 봐 전전긍긍한다. 그러면서 싸움터를 부 전장으로 설정하려고 한다.

부하를 비논리적으로 질책하는 것은 자신의 권위를 지키기 위해서다. 리더에겐 권위가 필요하지 않은데 부하를 질책하는 상사는 그 사실을 모른다. 그들은 단지 두려운 존재일 뿐 절대 존경받지 못한다는 것도 알지 못한다.

또, 그들은 부하가 우울해 하는 모습을 보고 우월감을 느낀다. 간혹가다 상사의 질책에 용감하게 맞서는 부하도 있는데 그런 부하를 굴복시키는 데 성공하면 더욱 우월감을 느낀다. 화를 이용하는 상사는 인간으로서 미숙함을 드러내는 것이다. 그런 사람은 가정에서도 자식에게 존경받지 못한다.

우월감을 느끼고자 하는 것은 인정 욕구가 있기 때문이다. 상사가 일과 무관한 부분에서 부하를 질책해 '공포'라는 형태로 인정을 받으려 하는 것은 왜곡된 인정 욕구라고 할 수 있다. 부하가 상사의 그런 인정 욕구를 만족시켜주어야 할 이유는 없다. 상사의 잘못된 말에는 반론하면 된다. 일과 무관한 부분에서 비논리적으로 질책하면 그것은 일과 관계없다고 말해야 한다.

물론 많은 경우, 부하가 상사에게 굴복하지 않고 냉정하게 반론하면 상사는 자신의 인정 욕구가 만족되지 않아 더욱 공격해올 것이다. 그런 상사를 바꿀 수 없다면 터무니없는 지적과 화에도 흔들리지 않는 자신이 되어야 한다.

만일 부하가 상사의 잘못을 지적하지 않는다면, 그것은 이후에 문제가 생겼을 때 상사 탓으로 돌려 자신은 책임을 피하고 싶어서다. 상사의 안색을 살피며 입을 다무는 부하는 일의 성공 여부보다는 자신만 생각하는 것이다.

이상의 내용을 이해하면 직장 내 인간관계가 그리 힘들지 않을 것이다. 만약 상사한테 일에 대해 적절한 지도를 받고 있다면 '상사 때문에 출근하는 발걸음이 무겁다' 거나 '자신은 이 일에 맞지 않는다', '일을 할 수 없다' 고 생각하는 것은 잘못이다.

그래도 일에 보람을 느끼지 못하고 회사에 나가기 싫다면, 상사의 터무니없는 질책 때문이 아니라 그것을 일에서 도망치기 위한 구실로 삼기 때문이다. 상사가 소리를 지르며 화를 낸다 해서 모두 당신처럼 회사에 가기 싫어하는 것은 아니다.

타인을 질책하는 대신 자신에게 개선할 점은 없는지 살피면 문제 해결의 실마리를 찾을 수 있다.

군림하려는 상사, 어떻게 대해야 하나

내가 다니는 직장의 상사는 늘 사람들 위에서 군림하려고 합니다. 이런 상사는 어떻게 대해야 하나요?

일상적인 반응으로 대응한다

정말 뛰어난 사람은 자신의 우월함을 자랑하지 않는다. 인간관계에서 남보다 위에 서려는 사람은 가만히 있으면 인정받을 수 없다고 생각한다. 이는 '우월 콤플렉스'로, 열등감의 이면이라 할 수 있다.

직장에서 사람들 위에 서려는 상사가 있다. 직속 상사가 그런 사람이라면 직장생활이 힘들 수밖에 없다. 그들은 부하를 비논리적인 방식으로 질책해 부하의 기가 죽는 모습을 보면 우월감을 느낀다. 일에서는 자신이 유능하지 않다고 생각하거나 실제로 유능하지 않기 때문이다. 상사에게 용감히 맞서는 부하를 탄압해 복종시키면 무능한 상사의 우월감은 더욱 커진다.

부하가 일에서 실수를 하면 똑같은 실수가 반복되지 않게 지도하면 된다. 그런데 실수가 아니라 부하의 인격을 멸시하는 말을 하는 상사도 있다. 아들러는 이런 상사의 태도를 '가치 저감(低減) 경향'이라는 말로 설명했다. 인격을 멸시하는 말로 야단쳐서 부하의 가치를 깎아내리고 상대적으로 자신의 가치를 높이고자 하는 것이다.

강연을 마치고 질문을 받을 때 "목소리가 작아서 제대로 알아듣지 못했다"며 강연 방식에 항의를 하는 사람이 있다. 이런 사람들은 일단 나의 가치를 '낮추고' 시작하는 것이다. 그런 말에는 "앞으로 조심하겠다"고밖에 할 수 없다. 내 입에서 이런 말을 끌어내 나보다 위에 서려 하는 사람일수록 정작 질문은 요점에서 벗어난 내용일 때가 많다. 강연 내용과 관련해 질문하면 이길 수 없기 때문에 목소리가 작다는 지적을 한 것이다.

상사가 그런 사람이어도 부하는 일상적으로 대하면 된다. 그들은 자신을 돋보이기 위해 애쓰는데 반대로 일상적으로 대하면 당신 앞에서는 특별히 자신을 잘 보이려 하지 않아도 된다는 것을 배울 것이다.

상사의 친구 맺기 신청

상사가 페이스북에서 '친구 맺기'를 신청했습니다. 사생활까지 상사가 알게 될 거라 생각하니 기분이 좋지 않습니다. 수락이냐, 거절이냐 고민이 됩니다.

상사의 인정 욕구를 채워줄 필요는 없다

상사가 SNS로 소통하고자 하는 이유는 무엇일까? 젊은 사람과 자유롭게 의견을 나누고, 신뢰와 존경을 받는다고 자랑하고 싶어서가 아닐까? 하지만 부하의 인정을 받고 싶은 상사라면 답은 간단하다. 일에서 유능하면 된다.

그런데 사적으로도 SNS 소통을 원한다면 그것은 왜곡된 인정 욕구다. 젊은 부하와 온라인상에서 '친구'라는 사실을 자랑하면서 부하에게 미움받지 않는 상사, 부하를 장악하는 상사라는 점을 인정받고 싶은 것이다. 부하가 상사의 그런 왜곡된 인정 욕구를 만족시켜줄 필요는 없다.

그러니까 상사가 친구 맺기를 원해도 무시하면 된다. 거절할 때도 특별한 이유를 말하지 않는 것이 좋다. 친구 맺기 신청은 수락하지 않기로 했다고 하면 된다.

물론 왜곡된 인정 욕구를 가진 상사는 부하의 거절에 당황하거나 화를 낼 수 있다. 그러나 그런 감정을 어떻게 할지는 상사의 과제이지 부하의 과제가 아니다.

상사의 기분을 상하게 해서 업무상 불리해질 거라 생각된다면 어떻게 해야 할까? SNS의 친구 맺기를 거절했다고 해서 당신이나 업무에 불만이 있는 것은 아니라고 정확히 말하는 수밖에 없다.

직장 내 사람들과 친구가 될 필요는 없다

직장 내 인간관계의 성격은 기본적으로 업무이다. 그러므로 상사건 동료건 굳이 친구가 될 필요는 없다. 예를 들어 자신과 마음이 안 맞는 사람, 존경할 수 없는 사람이 있다 해도 동료이지 친구관계는 아니다. 직장을 그만두면 그 관계는 그것으

로 끝이다. 직장 내 인간관계를 사생활로까지 연결하지 않아
도 된다. 프라이빗private의 어원은 '빼앗다'는 의미의 라틴어
프리바레privare다. 자신의 사생활은 스스로 '쟁취' 하는 수밖에
없다.

공과 사를 명확하게 구분한다

그래도 거절하지 못하는 사람이 있는데, 거절하면 인간관계에
문제가 생길까 봐 불안하기 때문이다.

거절하지 못하는 사람은 인간관계에서의 마찰을 피하려는
의식 외에 자신도 깨닫지 못하는 것이 있다. 바로, 거절하지
않는 것으로 자신이 져야 할 책임에서 벗어나고 싶다는 의식
이다. 가령 직장에서 상사의 지시에 의문을 가져도 자신의 이
론을 주장하지 않고 따르는 것은 이후에 문제가 생겼을 때 상
사 탓으로 할 수 있기 때문이다.

SNS의 친구 맺기는 일이 아니라 사적인 영역이다. 따라서
거절 때문에 불이익을 당할까 두려워할 필요는 없다.

차별적으로 대하는 상사

입사 동기와 같은 부서에 발령을 받았습니다. 그런데 상사가 티 나게 동기만 챙겨줍니다. 그녀는 호감 가는 외모로 인기가 있는 데 일은 열심히 하지 않습니다. 하지만 상사는 그녀의 그런 점을 전혀 눈치채지 못합니다.

내 일만 열심히 하면 된다

동기가 어떤 사람인가는 당신 일과 아무 관계가 없다. 인간관계의 '삼각형'을 떠올려보라. 당신이 관계하는 것은 당신과 상사의 관계, 당신과 동기의 관계뿐이라서 접점이 없는 상사와 동기의 관계에는 개입할 수 없다.

그렇지만 왜 동기를 의식하게 되는지 생각해두어야 한다. 만약 당신이 일에 자신이 있다면 동기가 상사나 동료에게 어떻게 보이든 관심이 없을 것이다. 일을 하기 싫거나 일이 어려워서 그 핑계를 마련하기 위해 동기에게 신경 쓰는 것은 아닐까?

직장에서 일을 계속할 생각이라면 그런 것은 신경 쓰지 말고 오직 당신 일에만 몰두하면 된다. 상사가 그 동기를 어떻게 평가하는지는 당신이 관여할 수 없기 때문이다. 자신이 할 수 없는 일에는 신경 쓰지 말고 자신의 업무만 열심히 한다.

싫은 사람이 신경 쓰여 직장이 싫다

직장에서 일하다 보면 꼭 싫은 사람을 찾게 되고 계속 의식하게 됩니다. 타인에게 신경 쓰지 않고 지낼 방법은 없을까요?

싫은 사람을 계속 만들어내는 이유

직장생활을 하면 억울하거나 불합리한 일을 당할 때가 있다. 그러나 모든 사람이 그걸 계속 의식하지는 않는다. 직장에서 싫은 사람을 발견하게 되는 데는 '이유'가 있다. 그 이유를 알게 되면 더는 신경 쓰이지 않는다.

원래부터 직장에 싫은 사람이 있는 것이 아니라, 당신은 일부러 그런 사람을 찾는 것처럼 보인다. '찾게 되고 의식하게 된다'는 당신의 말에서 그런 점이 드러난다. 당신이 그렇게 하는 이유는 일이 잘 풀리지 않는 이유를 그 사람 탓으로 하고 싶어서다.

회사 일을 잘 해내는 사람은 싫은 사람이 있어도 크게 의식하지 않는다. 그 사람과 같이 일하게 될 경우도 있겠지만, 그렇다고 그 사람과 친구가 되어야 하는 것은 아니다.

평가를 제대로 받지 못해 억울하다

열심히 일해도 상사나 동료에게 좋은 평가를 받지 못합니다. 한 직장에서 오래 일했기 때문에 주위에 도움이 될 거라고 생각했는데 '늘 도움이 안 된다'는 시선으로 보는 것 같아 속상해요. 일을 하기가 싫어집니다.

타인의 인정을 바라지 않는다

인정 욕구는 상사만이 아니라 부하에게도 있다. 당신이 말하는 '평가'가 일과 관련된 것이면 정당한 평가를 받기 위해 열심히 일해야 한다. 그런데 일이 아니라 상사와 동료에게 '인정'을 받는 것이라면 이야기는 달라진다.

일을 성취하는 데 나름대로 기여했고, 거기에 자부심을 가지면 상사와 동료에게 인정받기를 바라는 욕구는 사라진다. 일의 가치는 평가나 승인에 앞서 스스로 인정하는 것이다. 그런데 자기 일, 나아가 자신의 가치를 타인에게서 인정받으려 한다면 타인에게 의존하게 된다. 의존하면 타인의 인정을 받기 위해 사는 것이 되므로 자신의 인생을 살 수 없다.

남느냐, 옮기느냐 … 고민이 계속된다

중국어 능력을 살리려고 해외 업무가 있는 회사에 취직했는데, 국내 업무만 다루는 팀에 배속되어 3년이 지났습니다. 전직해 중국어 실력을 활용하고 싶은데, 그럴 수 있을지 불안합니다. 불만이 있어도 이대로 있어야 할지 새로운 길을 찾아야 할지 고민입니다.

가능성 안에서 살고 싶은 것은 아닐까

물론 당신이 갖춘 능력을 활용할 수 있는 곳에서 일하는 것이 가장 좋다. 그런데 지금 직장에서는 중국어 실력을 살릴 수 없다는 걸 아는데 왜 전직을 결심하지 못할까?

전직이 생각만큼 쉽지 않다는 것이 결단을 내리지 못하는 큰 이유일 것이다. 여기에 또 한 가지, 당신은 전직 후에 정말 중국어를 활용할 수 있을지 걱정하고 있다.

당신이 고민하는 것은 결단하지 않기 위해서다. 고민을 멈추면 지금 직장에 머물지 전직할지 결정해야 한다. 실력을 살릴 수 없는 직장에 머물면서 가능성 안에서 살고 싶은 것이다.

지금 직장에서는 생각대로 일이 되지 않지만 '전직' 하면 모든 것이 잘될 거라고 생각한다. 하지만 이는 실제로 전직을 해보지 않으면 알 수 없다. 가능성 안에서 살지 말고 현실로 뛰어들어야 실제 결과가 보인다. 중국어 능력을 살려 일할 수 있으면 좋지만 새 직장에서 어떻게 될지는 지금 시점에서 알 수 없다. 만약 기대한 결과가 나오지 않는다면, 그때 어떻게 할지 생각하면 된다. 능력이 미치지 못하면 더욱 노력해서 지식을 습득하면 된다.

물론 지금 직장에 머문다는 선택지도 있다. 다만, 중국어 능력을 살리지 못하는 것을 일을 제대로 하지 못하는 이유로 삼아선 안 된다.

왜 나는 손해만 볼까?

동기는 희망하던 부서에 발령받아 반짝반짝 빛이 나는데, 나는
비전이 별로 없어 보이는 부서에서 일하게 된 것 같습니다. 나만
손해를 본다는 느낌이 들고 동기를 볼 때마다 질투가 납니다.

배속받은 곳에서 두각을 나타내자

세상에는 남이 대신 할 수 있는 일과 그렇지 않은 일이 있다.
내가 없으면 이 회사는 돌아가지 않는다는 생각은 하지 않는
것이 좋다. 어떤 일이건 반드시 대신 할 수 있는 사람이 있다.
반면에 자신이 아니면 안 되는 일도 있다. 예를 들어 자신이 선
택하지 않은, 기대에 어긋난 부서라도 자신이 아니면 할 수 없는
일이 반드시 있다. 똑같은 일도 자신만의 방식으로 할 수 있다.

지금 부서에서 업무를 완수해 두각을 드러낼 수 있게 노력하는 것이 당신이 해야 할 일이고, 할 수 있는 일이다.

일이 생각대로 되지 않을 때는 여러 가지 이유를 만들어낼 수 있다. 하지만 나 아니면 할 수 없는 일을 나만의 방식으로 하도록 노력하는 것이 더 나은 해법이다.

도와달라고 말하지 못한다

혼자 힘으로는 해결할 수 없는 어려운 일이 있어도 다른 사람에게 도와달라고 말하지 못합니다. 모든 일을 자력으로 하자는 마음이 커서인데, 그러다 보니 결국 주어진 일에서 기대할 만한 성과를 올리지 못해요.

도와달라고 말하지 못하면, 다른 사람에게도 피해를 주게 된다

낯선 곳에서 길을 헤매는데도 지나가는 사람에게 길을 묻지 못하는 사람이 있다. 없는 용기를 짜내 길을 물었을 때 눈앞의 건물을 가리키며 "저기예요" 하는 대답이 돌아오면 창피할 거라는 생각 때문이다.

그러나 창피할까 무서워 길을 묻지 않으면 약속 시각에 늦을 수 있다. 길을 물었을 때 타인이 어떻게 생각할지 신경 쓰는 사람은 자신밖에 모르는 사람이다. 제시간에 목적지인 약속 장소에 도착하는 것보다 자신이 어떻게 보일지 체면을 우선하기 때문이다.

보통은, 혼자 힘으로 할 수 없을 때는 다른 사람에게 도움을 청한다. 자력으로 할 수 있는 일까지 도움을 청하면 안 되지만, 할 수 없는데도 혼자 낑낑거린다면 다른 사람에게 피해를 주게 된다.

당신 혼자 힘으로 해내야 한다는 생각에 도움의 손길을 거절하면, 주위가 피해를 볼 수 있다는 사실을 떠올리기 바란다.

휴가를 다 챙겨 쓰는 얄미운 후배

결혼한 직장 후배들이 출산과 육아로 휴가를 받고 쉬었습니다. 복귀 후에도 근무시간 단축제도를 알뜰히 챙겨 일찍 퇴근하네요. 그런 만큼 나의 업무량이 늘어서 힘든데, 그렇다고 월급이 오르는 것도 아니고 수당이 생기는 것도 아닙니다. 억울하다는 생각이 듭니다.

당신도 만일의 경우가 생길 수 있다

휴가를 받은 사람이 생겨 업무량이 느는 것은 직장의 노동 환경 문제이므로 필요하다면 개선을 요구해야 한다. 그러나 그와는 별도로 지금의 질문에서 생각해둘 것이 있다.

사람은 출산뿐 아니라 질병, 부상, 부모의 병간호 등으로 누구나 일을 쉬어야 하는 사정이 생길 수 있다. 당신도 마찬가지다. 언제 일을 쉬게 될지 알 수 없다. 일을 쉬면 다른 동료의 업무량이 늘어나지만 서로 도와서 쉬는 사람의 일을 해결하는 수밖에 없다. 당신도 아이가 생기고 휴가에 들어가면 다른 사람이 당신의 일을 나눠 하게 될 것이다.

불공평하다 여기지 말고 쉬는 사람의 몫까지 일해 동료에게 도움을 준다고 생각하자.

평판이 신경 쓰여 할 말도 다 못한다

업무 실수가 잦은 부하가 있습니다. 나는 부하가 실수하면 따끔하게 질책해야 하고 그것이 상사의 업무 중 하나라고 생각합니다. 그런데 당사자뿐 아니라 다른 부하까지 신경 쓰게 되고, 스스로의 평판까지 생각하게 되어 강하게 말을 하지 못합니다.

질책은 즉효성은 있으나 유효성은 없다

나는 부하를 꼭 강하게 질책해야 한다고는 생각하지 않는다. 애초에 질책으로 부하의 행동을 바꿀 수는 없기 때문이다.

부하가 실수하면 따끔하게 질책해야 한다는 상사는 자신도 상사한테 질책받은 경험이 있기 때문에 그것을 당연시한다. 아니, 상사의 질책 덕에 지금의 자신이 있다고 생각한다. 그런 상사는 부하를 질책할 때 그게 모두 부하를 위해서라고 믿는다.

그러나 상사의 질책 덕에 성장했다는 사람은 처음부터 능력이 있어서 상사에게 혼이 나도 능력을 키울 수 있었던 것뿐이다. 상사의 질책으로 성장한 것이 아니라 '질책을 받았음에도' 능력을 발휘한 것이다. 그렇지 못한 사람들은 그런 상사 밑에선 일할 수 없다고 그만두지 않았을까?

'업무 실수가 잦은 부하'라고 한 말에서 알 수 있듯이 당신은 부하를 무조건 질책해야 한다고 생각하는 사람은 아니다. 업무에 실수가 있는 부하로 한정하고 있으니까. 질책을 당연시하는 사람은 어쩔 수 없지만, 망설임이 있는 당신은 부하를 질책해야 한다는 생각에서 벗어날 수 있다.

많은 상사가 부하의 실수에는 질책이 필요하다고 생각하는데, 만약 질책이라는 방법이 효과적이라면 한 번 질책받은 부하는 두 번 다시 같은 실수를 반복하지 않을 것이다. 그런데도 같은 실수를 반복한다. 그럴 때면 질책의 강도가 약하다고 판단해 더욱 강하게 말해야겠다고 생각하게 된다.

하지만 논리적으로 볼 때 같은 실수가 계속된다는 건 질책이라는 방법이 적절하지 않음을 보여준다. 질책의 강도를 높이면 부하의 실수가 줄 거라는 희망을 버리지 못하는 상사는 바라는 결과를 얻지 못해도 질책이라는 방법을 고집한다.

상사가 질책하는 것은 부하의 행동을 바꾸기 위해서다. 좀 더 쉽게 말하면 부하를 자기 생각대로 움직이고 싶어서다. 실제로 부하는 심하게 질책하는 상사를 두려워하므로 행동을 바꿔 상사의 말을 따르게 된다. 반면에 실수를 할까 두려워 상사의 안색을 살피며 독창적으로 행동하지 못할 수도 있다. 독창성을 발휘해 솔선해서 무언가를 새로 시작하지 않는 것이다. 그런 조직에는 활력이 없다. 명령대로 움직이거나 상사의 지시만 기다리는 부하로 가득한 조직은 제대로 기능할 수 없다.

부하의 공헌에 주목한다

부하에게도 문제가 있다. 실수를 거듭하면서도 상사의 인정을 받으려는 굴절된 인정 욕구를 가진 사람이 있다. 그런 부하는 질책을 받을수록 실수와 문제가 된 행동을 반복한다.

상사는 부하가 일하는 것을 당연시해선 안 된다. 구체적으로는, 기회가 있을 때마다 "고맙다", "덕분에 살았다"고 말해 보라. 행동뿐 아니라 부하의 존재 자체에 주목하라는 의미다. 즉 지금은 지식이나 경험이 모두 부족해 실수를 하고 성과를 기대할 수 없는 상태라 해도 직장에 출근한 부하에게 "고맙다"

고 말해야 한다. 부하가 출근하지 않으면 그의 일을 다른 사람이 대신 해야 하지 않는가. 따라서 출근만으로도 이미 공헌이라고 말할 수 있다.

일에 따라서는 부하가 더 잘하는 것도 있다. 컴퓨터 작업에 익숙하지 않은 상사는 부하에게 조작법을 배워야 할 때가 있을 것이다. 부하는 상사에게 컴퓨터 작업을 가르치면서 도움을 주었다는 뿌듯함을 느낄 수 있다. 상사 역시 자신이 못하는 것을 못한다고 인정하는 것을 부끄러워해선 안 된다. 복사를 부탁할 때도 당연하다고 생각하지 말고 "고맙다"고 말하자.

상사가 부하에게 이런 식으로 말하면 부하는 자부심을 가질 수 있다. 부하는 "고맙다"는 말을 들을 때마다 자신이 회사에 도움이 된다고 느낄 것이다. 그러면 자신에게 가치가 있다고 생각하고 용기를 가질 수 있다. 용기를 내면 일을 완수할 수 있다는 자신감을 가질 수 있다. 이런 부하는 건설적인 노력을 하지 않은 채 실수를 반복하거나 문제 행동을 하는 것으로 주목받으려 하지 않는다.

이렇게 관리를 해도 실수가 반복될 수 있지만, 적어도 일부러 실수를 해서 주목받으려는 부하는 없어질 것이다. 상사가 자신을 지켜봐 준다고 생각하면 굳이 실수할 필요가 없기 때문이다.

실수 연발인 부하 때문에 골치 아프다

부하가 직장에서 제 몫을 하는 사람이 되도록 열심히 지도하고 있습니다. 그런데 그 부하는 전혀 결과를 내지 못하고 실수가 잦습니다. 어떻게 해야 할까요?

실수의 책임을 지게 한다

부하의 일은 부하의 과제다. 일에서 실수하거나 결과를 내지 못하면 그 책임은 부하가 져야 한다.

실수에 책임을 지는 방법은 세 가지다. 첫째, 가능한 한 원상복구하게 한다. 둘째, 감정적으로 상처 입은 사람에게 사과하게 한다. 예를 들어 실수로 고객에게 피해를 준 경우에는 반드시 사과해야 한다. 셋째, 앞으로 같은 실수를 반복하지 않기 위해 어떻게 할지 함께 의논한다.

일에 따라서는 한 번의 실수도 용서될 수 없는 게 있다. 하지만 실수하지 않는 사람은 없다. 당신도 예전에 실수한 적이 있을 것이고, 앞으로도 실수하지 않는다는 보장은 없다. 성공보다는 실수했을 때 더 많은 것을 배울 수 있다. 그러나 실수를 반복하지 않는 것이 중요하다. 그렇게 하려면 어떻게 해야 할지 함께 고민할 필요가 있다.

실수는 상사의 과제이기도 하다

부하가 일에서 실수를 하거나 결과를 내지 못하는 경우 상사에게 전혀 책임이 없는 것은 아니다. 선생님이 성적이 부진한 학생의 부모에게 자신의 수업방식은 제쳐놓고 "아이가 수업에 따라오지 못하니 가정학습을 늘려주세요"라고 말한다면 어떻겠는가. 부모가 볼 때 선생님 자신의 책임을 쏙 뺀다고 생각되지 않겠는가? 상사는 부하의 실수에 대한 책임을 피할 수 없다. 상사의 대응이 충분하지 않았기 때문에 부하는 실수를 하고 결과를 내지 못한 것이다.

부하의 실수는 전적으로 상사의 책임이라고 생각해서 자신에게 책임이 돌아올까 봐 부하의 실수를 사전에 막으려는 상사도 있다. 이러면 부하가 자기 생각대로 일하지 못한다. 그런 상사는 부하의 능력을 키우는 데는 관심이 없고 오로지 자신의 안전만 챙기는 것이다. 이렇게 되면 부하 역시 실수보다 상사의 질책을 두려워하기 때문에 능력을 키울 수 없다.

공동의 과제로 삼는다

부하가 자주 실수하면 상사는 부하의 실수를 '공동의 과제'로 만들어 도와주어야 한다. 부하의 실수는 부하만의 문제가 아니라 조직 전체에 영향을 미치기 때문에 방치해선 안 된다. 가능한 한 실수하기 전에 어떻게든 바로잡아야 한다.

실수가 예상되는 부하에게는 미리 조언을 해야 한다. 그렇게 하기 위해 주어진 업무를 공동의 과제로 삼아서 부하에게 지금대로 하면 어떻게 될 거라 예상하는지 물을 수 있다. 때때로 이런 질문은 서로의 관계가 좋지 않으면 야유나 위협, 간섭으로 들릴 수 있다. 실수를 피하고 큰 문제가 일어나지 않도록 의논하는 관계를 평소부터 쌓아야 한다. 부하의 실수를 사전에 막기 위해서는 좋은 관계가 절대적으로 필요하다. 그렇게 하기 위해서도 상사는 부하를 질책해선 안 된다. 관계가 좋으면 부정적으로 받아들이지 않는다.

아들러는 "화는 사람과 사람을 갈라놓는 감정"이라고 했다. "나는 부하를 질책하지만 화는 내지 않는다" 혹은 "화를 내서는 안 되지만 질책은 필요하다"라고 말하는 사람들이 있다. 그러나 화내지 않고 질책할 수 있는 사람이 있을까? 질책할 때는 당연히 '화'라는 감정이 생기기 마련이다. 질책으로 관계가 멀어진 상태에서 상사가 부하를 지도하고 도와주는 것은 불가능하다.

결과를 내지 못하는 상태에만 주목한 것은 아닐까

어떤 부하건 적절한 지도를 했다면 '항상' 결과를 내지 못하는 것은 아닐 것이다. 부하가 실수를 반복하고 결과를 내지 못한다고 생각하는 상사는 결과를 내지 못하는 상태를 당연하게 생각한 것일 수도 있다. 그래서 부하가 결과를 내도 그 사실에 주목하지 못하는 것은 아닌지 생각해볼 필요가 있다.

혼자는 삶의 기쁨을 느낄 수 없고 행복해질 수 없다.
함께할 용기를 가져라.

6장

연애 감정의 불확실함

연애하고 싶지 않다

주변에 연애하고 싶다는 친구가 많습니다. 하지만 나는 남자친구를 사귀고 싶은 생각이 없어요. 연애하고 싶다는 생각이 들지 않습니다.

상처 입을 것을 두려워한다

연애를 귀찮아하는 젊은이들이 늘고 있다. 결혼 적령기도 점차 늦춰지고 있고, 연애조차 하지 않으려는 사람이 많다. 사람과의 관계에서 상대가 자기 생각대로만 움직여주는 일은 없다. 의견이 달라 서로 부딪히는 것은 아무리 친한 친구나 연인 사이에서도 일어난다. 아니, 친할수록 충돌이 많다. 그렇게 생각하면 연애가 귀찮다는 젊은이들의 심정도 이해가 된다.

처음에는 불확실한 상태에서 상대의 감정을 모른 채 교제를 시작한다. 나는 그것이 연애의 즐거움이라고 생각한다. 연애는 서로 모든 것을 알았을 때 시작하고 싶다는 사람도 있지만, 사랑은 시간을 들여 키워야 한다.

타인은 자신의 기대를 만족시키기 위해 존재하는 것이 아니다. 따라서 자신이 좋아하는 사람에게 고백해도 그 고백이 꼭 받아들여진다고는 할 수 없다. 교제를 시작했는데 기대에 어긋날 수도 있다. 그런 것들을 예상해 처음부터 연애는 하지 않기로 정한 사람도 있다.

그러나 사람은 혼자서는 삶의 기쁨을 느낄 수 없고 행복해질 수 없다. 그러니 연애에 뛰어들 용기를 가져보라. 당신은 연애를 하지 않기 위해 귀찮다는 생각을 하는 것이다. 연애로 자신이 상처받을 것을 두려워하기 때문이다.

연애는 혼자서는 할 수 없다. 자신과 다른 인격을 가진 타인과 교제하는 것이다. 그러므로 상대가 자기 뜻대로 반응해 무엇이든 자기 뜻대로 된다고 생각해선 안 된다.

인간관계를 피하려는 핑계일 수 있다

연애가 성공하건 실패하건 책임은 자신에게 있다. 그것은 상대도 마찬가지다.

한 대학생은 "내가 초등학교 6학년 때인가 중학교 1학년 때 부모님이 이혼했다"고, 그 때문에 누구와도 연애를 하고 싶지 않다고 생각했다. 하지만 그 학생은 그것이 연애를 회피하기 위한 구실에 불과하다는 것을 미처 알지 못했다.

그는 자신이 '초등학교 6학년 때인가 중학교 1학년 때' 부모가 이혼했다고 했는데, 아주 어릴 적 일이라면 모를까 열 살 넘은 아이가 부모가 언제 이혼했는지 기억 못 할 리 없다. 그에겐 자신이 몇 살 때 부모가 이혼했는지는 크게 상관이 없는 일인 것이다. 부모의 이혼에 대해 이 정도의 관심밖에 없다는 것은 인간관계 전반에도 관심이 없다는 이야기일 수 있다.

만날 기회가 없어 연애를 못 한다는 사람도 있는데 이것도 사실이 아니다. 누군가를 만난다고 해서 연애가 이루어지는 것은 아니다. 하지만 만남이 없으면 관계를 좋게 하려는 노력도 필요하지 않다. 연애 감정이 생기지 않는 것이 인간관계를 피하려는 핑계가 아닌지 생각해보라.

남자친구가 미워하면 어떡하지?

그를 너무 좋아해서 혹시 나를 미워하면 어쩌나 두렵습니다. 본격적으로 사귀기 전에, 나의 단점이나 그가 싫어할 만한 부분을 전부 감춰서 호감이 생기도록 노력했습니다. 그런데 한편으로는 그렇게 꾸며진 나는 진짜 내가 아니라는 생각도 들어요.

그런 관계는 지속될 수 없다

상대가 자신을 싫어하지 않도록 행동해 연인 사이가 되었는데, 스스로 깨닫고 있듯이 상대가 좋아하게 된 당신은 진짜 당신이 아니다. 정도의 차이는 있겠지만 사람은 누구나 남 앞에서는 혼자 있을 때의 자신과 다른 행동을 취한다. 그런데 좋아하는 사람 앞에서는 있는 그대로의 자신을 드러낼 수 있다. 있는 그대로의 자신을 보일 수 있다고 마음을 놓을 수 있는 사람을 좋아하게 되기 때문이다. 따라서 당신이 늘 자신의 좋은 부분만 보이려 한다면, 그 관계가 언제까지 지속될 수는 없다.

있는 그대로의 자신을 보일 수 없는 것은 자신감이 없어서다. 지금의 자신으로는 타인이 받아주지 않을 거라는 생각을 갖고 있다. 또, 있는 그대로의 자신을 드러내면 그런 자신을 좋게 보지 않을 거라고 생각하기 때문인데, 이는 타인을 신뢰하지 못한다는 의미다.

그래서 그렇게 애를 써가며 자신을 좋아하게 하고 사랑받으려는 것이다. 하지만 그가 당신을 좋아할지 말지는 당신이 어떻게 할 수 없는 일이다. 오로지 그가 결정할 일이다. 그리고 당신이 할 수 있는 일은 그의 생각과는 관계없이 그를 좋아하는 것이다.

당신은 어떻게 하면 그에게 사랑받을지, 어떻게 하면 미움받지 않을지 줄곧 그 생각만 한다. 그런 생각을 하는 한 당신은 상대에게 자신을 맞추는 수밖에 없다. 하지만 자신의 생각과는 달리 상대에게 미움받지 않을 말을 하고, 행동만을 한다면 그것은 진짜 자신이 아니다.

좋아하니까 참는다

남자친구를 많이 좋아해서 절대 헤어지고 싶지 않습니다. 그래서 남자친구의 말과 행동이 신경에 거슬려도 참게 됩니다.

관계에 대한 불안은 없는지 고민해본다

신경에 거슬리는 것이 있으면 참지 말고 말해야 한다. 참기만 하면 상대에게 모든 것을 맞춰야 하기 때문에 있는 그대로의 자신을 드러낼 수 없다. 처음에는 참을 수 있을지 몰라도 언제까지나 그럴 수는 없다. 불만이 있어도 참는다면 당장 부딪히는 일은 없어도, 그것으로 관계가 좋아지는 것은 아니다.

처음부터 신경에 거슬리는 일이 있었던 것은 아닐 것이다. 있어도 크게 의식하지 못했을 수도 있다. 그런데 지금은 신경에 거슬리는 것들이 하나둘 눈에 들어온다. 그리고 그것을 지적하면 나를 미워할까 두렵다. 더욱이 이별의 예감까지 든다면 둘의 관계가 좋은 방향으로 가고 있는 것은 아니다.

당신은 신경에 거슬린다고 표현했지만, 이제 비로소 의식하게 되었다고 하는 것이 정확할지 모른다. 상대의 이런저런 말과 행동이 원인이 되어 앞으로 관계가 어떻게 될지 불안한 것이 아니다. 거꾸로 불안이 먼저이고, 그 불안을 뒷받침할 증거를 남자친구의 말과 행동에서 찾으려는 것이다. 그런 증거는 찾으려고 마음먹으면 쉽게 찾을 수 있는 것이니 말이다.

화를 내면 내 탓이라는 생각이 든다

남자친구가 기분 나쁜 말이나 행동을 하면 항상 내 탓이라는 생각이 듭니다. 그런 내가 싫어요.

내 탓이라 생각하면 지적하지 않아도 되기 때문이다

'내 잘못이 아니다'라고 생각해보라. 남자친구의 말과 행동이 늘 옳다고는 할 수 없다. 만일 옳지 않다면 그에게 정확히 말해야 한다.

'내 탓'으로 여기는 것은 그렇게 생각하면 상대의 잘못을 지적하지 않아도 되기 때문이다. 지적하지 않으면 상대에게 미움받진 않겠지만, 긴 안목으로 보면 둘의 관계는 개선되지 않는다. 아무 말 하지 않으면 상대는 당신이 불편해 한다는 것조차 알 수 없기 때문이다.

남자친구가 기분 나쁜 말이나 행동을 했을 때 그 책임이 전부 자신에게 있다고 생각하는 사람은 사실은 지배적인 사람인 경우가 많다. 자녀 문제로 상담하러 오는 부모가 "내 탓으로 아이가 이렇게 됐다"고 말하는 경우가 있는데 그런 부모는 자식이 성공했을 때에도 (무얼 성공이라고 하는지는 어려운 문제지만) "내 덕이다" 하고 말한다. 사실은 자식이 노력해서 성공한 것이지 부모 덕은 아니다.

둘의 관계가 좋지 않을 때는 양쪽 모두에게 문제가 있는 것이다. 예를 들어 교통사고가 발생했을 때 (한쪽 차가 정차해 있을 때 부딪친 것이 아니라면) 아무리 한쪽에 잘못이 있는 것처럼 보여도 쌍방 과실로 판정하는 것과 똑같다.

헤어질 수 없는 오래된 연인

오래 교제한 사람이 있습니다. 항상 좋은 건 아니고 가끔 불만도 있습니다. 하지만 지금 헤어지면 다시 연애 상대를 찾는 것부터 시작해야 한다고 생각하니 그냥 참게 됩니다. 그래도 지금 이대로가 좋을 거라는 생각이 들어서요. 관계를 유지해도 될까요?

말을 하지 않으면 상대는 알 수 없다

현재 상태에 불만이 있으면 해소해야 한다. 결혼을 한다고 불만이 해소되는 것도 아니다. 상대를 바꾸기 위해 노력하지 않으면 평온한 생활은 언제 끝날지 모른다.

오래 교제한 것은 관계가 좋았기 때문일 것이다. 상대가 당신의 이상형이 아닐 수는 있지만 관계가 좋지 않았다면 벌써 헤어졌을 테니까. 그러나 현재 상태에 불만이 있다면 관계를 개선하도록 노력할 가치가 있다. 불만이 있는데 얘기하지 않는다면 상대는 절대 알 수 없다. 그리고 상대가 알지 못한다면 그 말이나 행동은 변함 없이 계속될 것이다.

설렘이 없는 관계

그와 사귀기 시작했을 무렵에는 둘이 함께하는 모든 순간이 기뻤는데 어느 사이에 감동하는 일이 적어졌습니다. 어떻게 하면 처음의 설렘과 감동을 계속 느낄 수 있을까요?

같은 강물에 두 번 들어갈 수는 없다

매일 똑같은 경치를 봐도 보는 사람의 마음이 놀라움과 기쁨으로 가득하면 감동은 줄어들지 않는다. 늘 보는 경치라 특별히 아름답다고 생각하지는 않더라도, 그것을 보는 사람이 매일 다른 시각으로 보면 다르게 보인다.

고대 그리스의 철학자 헤라클레이토스는 "어떤 사람도 같은 강물에 두 번 발을 담글 수 없다"고 했다. 같은 것은 강의 이름뿐, 강물의 흐름도 그 안에 들어가는 사람도 절대 전과 똑같지 않다.

연애하는 관계라고 예외일 수 없다. 처음만큼의 설렘을 다시 느끼기는 어려울 것이다. 그러나 그 설렘이 시간이 지나면서 저절로 없어진다는 것은 사실이 아니다.

늘 설렘을 유지하고 싶다면 처음 만난 날을 떠올려보라. 오늘 그를 만나는 당신은 어제의 당신이 아니고, 그 역시 같은 사람이 아니다. 오늘 이 사람과 처음 만났다 생각하고 하루를 시작해보라.

질투 감정이 자꾸 생긴다는 건…

나는 지금까지 누구에게도 질투를 느낀 적이 없습니다. 연애가 처음인 것은 아닌데, 이전에는 좋아하는 사람이 다른 사람과 즐겁게 이야기하는 모습을 봐도 질투 감정이 생기지 않았습니다. 그런데 지금 사귀는 사람은 달라요. 그 사람의 입에서 내가 아닌 다른 사람의 이름만 나와도 가슴이 조여들고 제대로 숨을 쉴 수 없습니다. 내 안에서 어떤 일이 일어나고 있는 걸까요?

진짜 사랑하면 질투란 감정은 생기지 않는다

질투심은 자신이 사랑한다고 생각하는 사람을 '물건'으로 간주하기 때문에 생긴다. 자신의 소유물로 인식하기 때문에 다른 사람과 친한 모습을 보면 자신의 장난감을 빼앗겼다고 생각되는 것이다.

거기에 자신감도 없어서 그 '장난감'이 다른 사람을 좋아할지 모른다는 불안감을 느낀다. 자신감을 가진 사람이라면 자신의 장난감에 다른 사람이 손을 대도 아무렇지 않을 것이다.

연애 관계인 그 또는 그녀는 물건이 아니라 자유의지를 가진 사람이다. 자신의 물건이라고 이름표를 달 수도 없고 묶어놓을 수도 없다. 질투심에서 해방되기 위해서는 자신감을 갖는 수밖에 없다. 나만 봐달라고 직접 말로 부탁해도 되지만, 구속을 좋아할 사람은 없다.

연애를 하는 모든 사람이 질투를 느끼지는 않는다. 사랑하는 사람의 인격과 마주하는 사람은 질투하지 않는다.

그런 의미에서 본다면, 지금까지 질투 감정이 일지 않았던 이유는 상대를 사랑했기 때문이라고 할 수 있다. 그런데 이번 상대에게는 질투를 느낀다면, 자신의 감정을 잘 들여다 볼 필요가 있다. 그를 진심으로 사랑하지 않는데도 어떤 이유로 인해 질투의 감정을 만들어낸 것은 아닐까? 정말 그 사람을 사랑하는지 다시 한 번 자신의 마음을 확인해보자.

사랑하는 사람의
인격과 마주하는 사람은
질투하지 않는다.

우정일까 사랑일까

오래전부터 동아리 활동을 같이 하는 남자친구가 있는데 연애 상대로는 느껴지지 않습니다. 우정과 사랑은 무엇이 다른가요?

어떤 관계이든 한 사람에게 구속될 수는 없다

둘이 즐겁게 시간을 보낸 후 다음 약속을 하느냐, 하지 않느냐. 이것이 우정과 사랑을 구별하는 기준이다. 친구라면, 헤어질 때 꼭 다음에 언제 만나자고 약속하지는 않는다. 물론 다시보고 싶은 마음은 있지만, 그건 만나자고 생각했을 때 약속을 잡으면 된다.

그대로 몇 년간 못 만나기도 하는데 그렇다고 괴롭지는 않다. 다음에 만났을 때도 오래 못 본 시간이 얼마나 되는가와는 관계없이 어제 헤어진 것처럼 다정하게 이야기할 수 있다.

반면에 애인은 헤어질 때 다음에 만날 약속을 한다. 오래 못 보면 불안하다. 만나지 못해도 계속 연락을 취하지 않으면 마음이 불편하다. 두 사람 모두 휴대전화 등으로 문자라도 부지런히 주고받으면 문제는 생기지 않지만, 메시지를 보내는 빈도가 두 사람 사이에 차이가 있으면 답이 없을 때 애정이 식었거나 불성실하다는 증거로 여겨진다.

헤어질 때 만날 약속을 하지 않으면 마음이 무겁고, 문자 메시지의 답이 늦기만 해도 불안해지는 것은 둘의 관계가 삐걱거리기 때문이다.

만일 둘이 보내는 시간이 충실하다면 '다음'을 생각할 필요가 없다. 헤어진 후에 다음 약속을 정하지 않았다는 걸 알게 되어도 다시는 만나지 못할 거라고 생각하지 않는다. 애초에 다음을 기대한다는 것은 현재 둘이 만나는 시간이 충실하지 않기 때문이다.

친구라면 다음에 언제 어디서 만나자는 약속을 꼭 하지는 않는다. 친구를 '구속'할 수도 없고, 그럴 필요도 없기 때문이다. 다음에 자신을 만나기 전에 친구는 다른 사람들도 만날 텐데, 그걸 질투하지도 않는다.

그런데 만일 남자친구가 당신은 만나지 않고 다른 사람을 만나면, 그리고 그 상대가 일과 무관한 여성이라면 질투를 느끼고 화가 날 것이다. 그러나 연인 관계건 어떤 관계건 한 사람에게 구속될 수는 없다. 질투라는 감정은 상대를 자유의지를 가진 인격이 아닌 '소유물'로 보기 때문에 생기는 것이다.

이렇게 생각하면 우정과 사랑의 차이에만 주목하게 되는데, 애인과 친구에게 갖는 감정이 완전히 별개의 것은 아니다. 당신이 말한 관계는 우정을 기반으로 한 사랑이라고 볼 수 있다.

연애도 친구 사이처럼 상대를 존중하고 구속하지 않는다는 생각이 기본이 되어야 한다. 질투로 상징되듯이 상대를 '소유' 하려는 것은 절대 사랑이 아니다.

선택받지 못한 상처는 어떻게 치유하나

한 여성을 저를 포함한 여러 남성이 좋아합니다. 이 쟁탈전이 언제가 끝난다면, 패배하여 남겨진 남성은 어떻게 구제될 수 있을까요?

상처는 당신 스스로 해결해야 한다

만일 당신이 그 여성의 사랑을 얻지 못했다는 의미에서 '남겨진 남성'이라면 장래를 생각할 때 그 사람에게 사랑받을 가치가 있는 사람이 되도록 노력하는 수밖에 없다.

당신이 그 여성을 진정으로 사랑한다면 그녀가 다른 사람을 선택했다고 해서 감정이 식을 리 없다. 그녀를 얼마나 사랑하는가가 문제이지 그녀가 당신을 사랑할지 어떨지는 문제되지 않는다. 사랑받지 못한다면 사랑하지 않겠다고 하는 것은 사랑이 아니라 거래와 같다. 사랑받는다는 담보 없이는 사랑을 고백할 수 없고, 자신의 기분에 상대가 응해주지 않을 경우 상대에 대한 감정이 달라진다면 장난감을 서로 차지하려고 다투는 어린아이와 다를 게 없다.

그 여성에게는 당신의 기대를 채워줄 의무가 없다. 따라서 선택받지 못해서 절망하고 상처 입었어도, 당신은 스스로 해결해야 한다.

새로운 사랑을 시작하면 지금의 감정에서 벗어날 수 있고 실연도 잊힐 것이다. 그러나 선택받지 못했다는 이유로 다른 사람을 찾는다면, 그 사람에게 사랑받고 싶다는 생각을 갖고 있는 한 똑같은 일이 일어난다.

연애는 승부가 아니다. 그 여성에게 선택받았다고 해서 자신의 가치가 높아지는 것은 아니다.

그녀를 행복하게 해줄 수 없다

지금 사귀는 애인과 결혼하려고 합니다. 하지만 내가 제대로 된 직장을 갖지 못해 그녀를 행복하게 해줄 자신이 없습니다.

둘이 협력하여 행복해지면 된다

당신이 그녀를 행복하게 하는 것은 아니다. 그 반대의 경우, 즉 여성이 남성에게 행복하게 해주기를 바라는 것도 잘못이다. 둘이 협력해 행복해지는 것이지 어느 한쪽이 상대를 행복하게 하는 것은 아니다. 그렇게 해줄 수 없다.

결혼은 '끝'이 아니라 '시작'일 뿐이다. 관계를 개선하도록 끊임없이 노력해야 하고, 두 사람을 둘러싼 상황도 바뀔 수 있다. "이 사람과 함께라면 어떤 일도 극복할 수 있다"고 말할 수 있는 상대라면 결혼해도 좋다.

아직 제대로 된 직장이 없는 것이 결혼을 주저하는 이유는 될 수 없다. 결혼하지 않는 것을 정당화하기 위해 직장을 이유로 삼는 것에 불과하다.

마음이 변한 것 같은 남자친구

최근 남자친구한테서 연락이 뜸해졌습니다. 마음이 변한 게 아 닐까 불안한데 어떻게 하면 이 불안에서 벗어날 수 있을까요?

사랑에 대한 증거가 필요할까

아무리 바빠도 문자 메시지 한 통 못 보낼 만큼 바쁜 사람은 없다. 남자친구가 연락을 하지 않는 것은 그다지 좋은 징후는 아니다. 당신이 먼저 연락해보는 것은 어떨까?

만일 당신이 먼저 연락하는 것을 피한다면, 그것은 진실을 아는 것이 두려워서다. 확실히 하는 것이 좋다. 마음이 변한 것인지, 일에 치여 시간을 내지 못하는 것인지 등 문제의 원인 을 정확히 알고 대응하면 된다.

그러나 애초에 당신에 대한 그의 생각과는 별개로 당신은 그를 사랑하는 수밖에 없다. 남자친구가 당신을 사랑한다는 증거 없이는 그를 사랑할 수 없다면 그것은 거래이지 사랑이라고 할 수 없다.

결혼을 재촉하는 애인

햇수로 8년을 사귄 여자가 있습니다. 최근 그녀가 결혼을 서두릅니다. 그런데 솔직히 나는 이제 겨우 회사 일에 익숙해졌고 아직은 자유를 누리고 싶어서 결혼하고 싶은 생각이 들지 않습니다. 그렇다고 헤어지고 싶진 않은데, 어떻게 하면 좋을까요?

결혼을 피하려는 지나친 이기심

결혼하면 자유를 구속당한다고 생각해 결혼을 주저하는 사람이 있다. 자유를 만끽하고 싶다는 것이다. 자유라는 의미가 '자기 생각대로 사는 것'이라면 누군가와 같이 사는 것으로 순식간에 박탈되는 것은 사실이다.

예를 들어 각자 자기 방에서 생활하면 자유롭겠지만, 같은 방에서 생활한다면 사소한 것에도 신경이 쓰인다. 잠자기 전에 책을 읽고 싶어도 상대가 자야 하니 불을 꺼달라고 하면 따르는 수밖에 없다. 그런 작은 것부터 시작해 온갖 일을 자기 생각대로 할 수 없으니 자유를 빼앗겼다고 생각할 수도 있다.

그러나 자유를 만끽할 수 없다고 결혼하지 않겠다는 사람은 자유를 잃는 것을 결혼하지 않으려는 구실로 삼는 것에 불과하다. 결혼하면 결혼 전처럼 일할 수 없다고 결혼에 주저하는 사람도 있는데, 이런 사람은 일을 결혼하지 않으려는 이유로 내세우는 것이다.

결혼하지 않으려는 결심에 대한 이유가 필요한 것이다. 그래서 그럴듯한 이유를 찾는 것이다. 결혼하면 혼자 생활할 때와 같은 자유는 없어지므로 자유를 만끽할 수 없다는 것은 너무 당연하다. '이제 겨우 회사 일에 익숙해졌'며 일을 또 다른 이유로 내세운다. 하지만 이 이유는 당장은 설득력이 있을지 모르지만 언제까지나 그렇지는 못할 것이다.

가장 큰 문제는 결혼으로 자유가 제한될 거라는 생각이다. 같이 생활하는 것이 고통이라면 결혼할 수 없다. 그러면서도 정이 들어 헤어질 수 없다는 것은 지나친 이기심이다.

타인을 이해한다는 것이 그 사람의 생각에
찬성한다는 의미는 아니다.

7장

결혼이 주는 상처

반대하는 결혼, 해야 할까

떨어져 사는 부모님이 지금 교제하는 사람과 그의 직업에 반대가 심합니다. 그는 직장인이 아니고 초혼도 아니라서 부모님이 반대하는 것도 당연하다고 생각되지만, 나는 이 사람을 사랑합니다. 부모님이 나를 사랑하고 걱정해서 반대하는 것이라 생각하니 무조건 반발할 수도 없습니다. 부모님의 걱정을 줄이려면 어떻게 해야 할까요?

부모의 반대는 피할 수 없다

자신의 인생을 사는 것과 부모의 기대를 따르는 것은 양립할 수 없다. 부모가 자신의 인생을 지지해주면 부모의 기대를 만족시킬 수 있을지 모른다. 그러나 그 경우 자신의 인생을 사는 것이 우연히 부모의 기대를 만족시킨 것뿐이다. 자신의 인생을 살 거면 찬성하든 반대하든 부모의 기대를 생각하지 말아야 한다.

자식이 자신이 하고 싶은 일을 하거나 원하는 사람과 결혼하려 할 때 많은 경우 부모의 반대를 피할 수 없다. 처음에는 반대하다가 결국 받아들일 수는 있어도 부모는 자식이 선택한 결혼 상대에 반대하는 경우가 많다.

그러나 부모가 아무리 반대해도 그것을 뿌리치고 자기 생각대로 살아야 한다. 부모의 반대를 뿌리치고 하고 싶은 일을 하거나 원하는 상대와 결혼한다고 해서 행복해진다는 보장은 없다. 그러나 그렇다고 해도 상대의 직업과 초혼이 아니라는 조건이 걱정의 원인이 될 수는 없다.

누구와 결혼하든 인간관계를 맺는 방법을 알면 둘 사이가 흔들릴 때도 자신들이 해결할 수 있다. 그런데 둘의 관계에 문제가 생겼을 때 부모가 반대한 이유가 떠오른다면 이야기가 복잡해진다. 부모가 반대했지만 내가 사랑하는 사람을 선택해 행복하다고 말할 수 있도록, 교제하는 사람과 좋은 관계를 갖도록 노력하자.

내가 신경 쓰이는 것은 사귀는 사람이 '직장인이 아니고 초혼도 아니라서 부모님이 반대하는 것도 당연하다'는 부분이다. 당신도 부모와 같은 가치관을 갖고 있는 것 같아서다. 결혼을 결심했다면서 직장인이 아니고 초혼이 아니라는 이유로 부모가 반대하는 것을 어떻게 '당연' 하게 생각하는지 이해가 안 된다. 그를 진심으로 사랑한다면, 그 두 가지가 아무 잘못도 아니고 문제도 아니라고 자신감을 가져야 한다.

사랑하는 기술

친구가 "사람을 사랑하는 기술을 배우면 누구와도 결혼할 수 있다"고 해서 놀랐습니다. 정말 그럴 수 있을까요?

누구나 사랑할 수 있는 사람이 특정한 사람도 사랑할 수 있다

사람을 만날 기회가 많으면 연애도 결혼도 할 수 있다고 생각한다. 상대만 있으면 연애는 가능하니까 결혼으로 이어질 수 있다.

"당신은 좋지만 저 사람은 싫어"라고 말하는 사람이 있다고 하자. 그런 사람에게 사랑받는 사람은 지금은 우연히 자신이 사랑받지만, 그에게 언제 '저 사람'이 될지 모른다는 불안을 느낄 것이다. 특정한 사람밖에 사랑할 수 없는 사람은 사실은 그 사람도 사랑하지 않는 것이다. 누구나 사랑할 수 있는 사람만이 특정한 사람도 사랑할 수 있다.

예를 들어 멋진 사람을 만나도 그 후 어느 한쪽, 혹은 쌍방이 상대에게 받는 것만 생각하면 둘의 관계는 반드시 벽에 부딪힌다. 교제를 시작해 결혼까지 성공해도 사랑하는 방식을 모르면 좋은 관계를 쌓을 수 없다.

사람을 사랑하는 것은 능력이고 기술이다

'사랑하는 방법('사랑받는 방법'이 아니다)'을 모르는 사람은 애초에 출발점이 '사랑하는 것'이 아닌 '사랑받는 것'이 된다. 그래서 어떻게 사랑받을까만 생각한다. 이런 두 사람의 관계가 어떻게 될지는 연애를 시작하기 전부터 알 수 있다.

'이 사람이면 연애할 수 있다', '이 사람은 안 된다' 식으로 구분하는 것은 잘못된 생각이다. 사랑하는 능력이 있는 사람, 사랑하는 기술을 아는 사람은 기본적으로 누구와도 결혼할 수 있다.

연애라면 모를까 결혼까진 어렵다는 사람도 있을 것이다. 아들러는 "연애와 결혼이 다른 관계와 구별되는 조건은 육체적인 끌림"이라고 했다.

그러나 젊을 때 아무리 잘생기고 예뻐도 나이가 들면 어쩔 수 없이 외모도 빛을 잃는다. 질병이나 사고로 몸을 자유롭게 움직일 수 없게 되는 경우도 있다. 나이 들어서 혹은 질병으로 외모가 크게 달라져도 사랑하는 마음까지 바뀌지는 않는다. 만일 마음이 바뀌는 사람이 있다면 그 사람은 상대를 사랑한 것이 아니라 상대를 둘러싼 조건에 끌린 것뿐이다.

아들러는 "관계가 좋은 파트너는 나이 들어도 육체적으로 끌린다"고 말했다. 누구를 만나든 외적 조건이 사랑과 결혼의 필수 조건은 아니다. '이 사람을 사랑하자', '이 사람과 결혼하자'고 결심하고 사랑하는 방법을 알면 누구와도 결혼할 수 있다는 것이 황당무계한 이야기는 아니다.

성격도 타인과의
관계 속에서 만들어진다.

태도의 변화는 관계가
변화했기 때문에 일어난다.

결혼 후 과격해진 남편

결혼하기 전까지 그는 헌신적인 남자였습니다. 자상하고, 나의 일방적인 투정을 전부 받아주었죠. 그런데 막상 결혼하니 사소한 일에도 짜증을 내고 물건을 던지거나 손찌검까지 하려고 합니다. 온화하기만 하던 모습 어디에 그런 과격한 성격이 숨어 있었는지 모르겠습니다. 하지만 평소에는 부드럽게 말을 걸어주기도 합니다.

둘의 관계가 변한 것은 아닐까

결혼해서도 결혼 전과 똑같은 사람은 없을 것이다. 결혼을 하기 위해 상대에게 최선을 다하는 일은 자주 있다.

당신은 결혼 전까지는 그가 당신의 투정을 전부 받아주었다는 것을 인정한다. 결혼 후 남편의 태도가 또 다른 모습으로 달라지기도 한다. 아내에게 마음을 열고 직장에서 일어난 일을 경계심 없이 들려주며 불만을 털어놓기도 한다. 결혼 전과 같은 조심스러움이 없어지는 것이다. 이런 태도의 변화는 그의 성격 문제가 아니라 결혼 후 둘의 관계가 변화했기 때문에 일어난다.

결혼 후의 변화가 전부 나쁜 것만은 아니다. 그러나 그것이 지나쳐서 짜증을 내고 물건이나 사람에게 폭발하는 것은 문제다. 손찌검을 하려 한 태도는 더욱 그렇다.

이런 때 당신의 행동을 바꾸는 것으로는 해결되지 않는다. 그에게 바꿔주었으면 하는 행동에 대해 정확히 요구하고, 동시에 당신이 바꿔야 할 것은 없는지 물어보라.

평소에는 부드럽게 말을 걸어준다고 했으니 그럴 때 그에게 더욱 주목하자. 남편 입장에서는 부드럽게 말을 걸었을 때 당신이 귀를 기울이지 않는 데 불만을 느꼈을지도 모른다. 물론 그것도 인정 욕구인데, 부드럽게 말했을 때 "그렇게 말해주니 기분 좋다"고 반응해주자. 당신은 제멋대로인 자신의 성격에는 관대하면서 부드럽게 말을 걸어주는 남편의 행동에는 무심한 게 아니었는지 생각해보자.

결혼 1년 만에 알게 된 성격 차이

결혼 1년 차 부부인데 아내와 많은 부분에서 가치관이 다릅니다. 성격까지 너무 달라서 앞으로 잘 살 수 있을지 걱정입니다.

달라진 것은 당신의 감정이다

결혼 전이나 갓 결혼했을 때는 서로의 가치관과 성격 차이를 눈치채지 못했거나 눈치챘어도 그것이 큰 문제는 아니었을 것이다. 그런데 지금 와서 차이가 신경 쓰이기 시작했다면, 두 가지 이유를 생각할 수 있다.

첫 번째는 현재 그녀와의 관계가 바라던 상태가 아니란 것을 정당화하기 위해서다. 부부의 가치관과 성격에 차이가 있어서 관계가 좋지 않다고 생각하고 싶은 것이다.

이런 경우라면 실제로 아내 자체는 결혼 전이나 지금이나 달라지지 않았다. 달라진 것은 당신의 감정이다. 그녀의 성격은 똑같은데 달라진 것처럼 느껴진다. 사소한 부분까지 신경써주는 게 배려라고 생각했는데, 지금은 사소한 것에 집착하는 것으로 보인다. 거꾸로도 마찬가지다. 아내 입장에서 남편이 이전에는 상냥하다고 생각했는데, 관계가 악화된 후로는 그것이 우유부단하게 보일 수도 있다. 또는 예전에는 믿음직해서 의지할 수 있다고 느꼈는데, 지금은 지배적으로 보일 수도 있다.

두 번째는 당신이 이전보다 아내에게 더 관심을 갖게 되었기 때문이다. 별로 관심이 없는 상대는 가치관이나 성격이 자신과 다르다고 해도 큰 문제가 되지 않는다. 관계를 유지할 필요가 없을 때도 마찬가지다. 직장 내 인간관계라면 협력해서 프로젝트를 수행하기만 하면 되므로 가치관이나 성격에 차이가 있어도 상관없다. 퇴근 후에는 동료를 생각할 필요가 없고, 친구가 되지 않아도 된다.

그러나 결혼한 두 사람의 관계는 다르다. 배우자와 같이 살기 위해서는 가치관과 성격이 신경 쓰이는 것이 당연하다. 그런데 '차이'에만 주목하게 되는 것은 그 차이를 관계 악화의 이유로 삼기 때문이다.

혼자 살 때보다 두 배는 풍요로워지는 삶

애초에 가치관과 성격이 같은 사람은 있을 수 없지만 같은 가치관, 비슷한 성격의 사람과 산다고 해서 반드시 행복한 것은 아니다. 느끼고 생각하는 방식이 비슷하면 매사 척척 잘 맞을 거라고 생각하는데 사실은 그렇게 간단한 문제가 아니다.

오래전 운전 면허증을 취득할 때의 일이다. 내가 다닌 학원은 담임제여서 매번 같은 강사가 지도했다. 학원에 등록하면 가장 먼저 심리테스트를 받는다. 다섯 가지 타입 가운데 어디에 해당하는지 알아보기 위해서다. 강사도 같은 심리테스트를 받는다. 요컨대 같은 타입의 강사와 학생을 연결하려는 것이었다. 하지만 성격 등이 비슷한 두 사람이 자동차라는 좁은 공간에서 한 시간을 같이 있자니 마음이 편한 것이 아니라 숨이 막힐 것 같았다. 이 강사는 나의 서툰 운전에도 큰 소리를 내지 않았지만 화를 내고 있다는 것을 쉽게 알 수 있었다. 비슷한 성격이라 한눈에 들어왔다.

결혼도 그렇지 않을까? 타입이 다르면(아들러는 사람은 누구나 독자적이라 생각해서 사람을 타입으로 묶는 것에 반대한다) 상대를 이해하기는 어렵지만, 느끼고 생각하는 방식이 다르므로 새로운 것을 알아갈 수 있어서 오히려 재미있다. '나라면 이렇게 생각할 텐데, 저런 식으로 생각할 수도 있구나' 하고 놀라게 된다.

혼자 살 때보다 삶이 두 배로 풍요로워진다.

이런 부분을 인지한 다음에, 이해하는 것과 찬성하는 것은 다르다는 점을 알아두어야 한다. 자신과 생각이 다른 사람을 이해하거나, 이해하려 하는 것이 꼭 그 사람의 생각에 찬성한다는 의미는 아니다. 상대 입장에서는 배우자가 자신의 사고방식에 찬성하지는 않아도 무조건 부정하지 않고 이해하려 노력하는 자세를 보이면 관계 개선에 적극성을 보일 수 있다.

게다가 생각의 차이는 고정된 것이 아니다. 대화로 얼마든지 바뀔 수 있다. 성격도 타인과의 관계 속에서 만들어진다. 누구 앞에 있느냐로 자신이 미묘하게, 또는 확연하게 달라진다는 사실을 경험한 사람이 많을 것이다. 직장에서의 자신, 친구 앞에서의 자신, 가정에서의 자신은 전부 똑같지 않다. 어떤 상황에서든 똑같을 수는 없다.

그렇다면 지금 두 사람의 가치관과 성격이 달라도, 서로의 관계가 변함에 따라 그것들도 변해갈 것이다. 바뀌지는 않아도 최소한 그 차이를 인정할 수는 있다.

결혼 후 운명의 상대를 만났다면

남편 외에 교제한 남성이 없이 너무 서둘러 결혼했습니다. 독신 생활을 즐기는 친구를 보면 '좀 더 싱글을 즐길걸' 하고 후회됩니다. 남편은 절대 나쁜 사람은 아니지만 정말 '운명의 사람'이 었는지는 솔직히 자신 있게 말하지 못하겠어요. 반면에 '젊을 때 이 사람을 만났다면 좋았을걸' 하고 생각되는 멋진 남성이 가까이에 있습니다. 인생을 다시 시작하고 싶은데 잘못된 생각 일까요?

살아온 인생을 백지로 되돌릴 수는 없다

결혼하면 독신 때처럼 자유롭게 살 수는 없다. 그러나 그것은 누구라도 결혼 전에 예상할 수 있는 일이다. 결혼이 자신에게 어떤 의미에서 보탬이 되는지 생각했기 때문에 결혼 결심을 했을 것이다.

'운명의 사람'은 없다. 그러나 평생을 같이하자고 생각한 사람이 운명의 사람이 될 가능성은 있다. 그렇게 하려면 관계를 키워나가려는 노력을 해야 한다. 운명의 사람을 만난다고 해서 모든 것이 해결되는 건 아니다.

당신은 지금 가까이에 멋진 남성이 있어서 인생을 새로 시작하고 싶다고 했다. 하지만 그런 남성을 만났기 때문에 지금의 결혼에 만족할 수 없게 된 것은 아니다. 지금의 결혼 생활에 만족하지 않기 위해서 그 남성을 이유로 삼는 것뿐이다.

문제는 '좀 더 싱글을 즐기고 싶다'는 말에서도 알 수 있듯이, 당신이 결혼으로 자유를 빼앗겼다고 생각한다는 점이다. 하지만 결혼을 하고 나면 결혼 전과 똑같이 살 수는 없다. 이건 누구에게나 마찬가지다. 가령 그 멋진 남성과 인생을 새로 시작해도 당신이 결혼을 구속이라고 생각하는 이상 같은 일이 일어난다. 가능성 안에서 살면 현실을 직시하지 않아도 된다. 그러나 실제로 같이 살면 환상이 깨질 수 있고, 분명 그럴 것이다.

지금 남편의 장점을 찾아보라. '절대 나쁜 사람은 아니다'라고 말할 수 있는 사람보다 멋진 사람은 없다.

아이가 안 생겨 걱정이다

결혼한 지 5년이나 되었는데 아직 아이가 없습니다. 남편도 말로는 아이가 있으면 좋겠다고 하면서도 협력을 하지 않아요. 이대로라면 아이 없이 살 수밖에 없는데 어떻게 하면 남편의 협력을 얻을 수 있을까요?

결혼 생활의 목표는 아이가 아니다

아이를 원하는 기분은 알지만, 두 사람의 생활이 아이를 낳는 문제에만 초점을 맞춰 움직이면 남편의 협력을 얻기 어렵다. 결혼 생활의 목표를 아이가 아닌 사이좋은 관계 쌓기로 바꿔 보라.

사이좋게 지내려면 일단 부부의 의식이 아이에서 벗어나야 한다. 지금대로라면 당신은 아이가 없는 것이 남편의 협력을 얻지 못해서라고 생각해 남편을 질책하게 된다. 그러면 남편은 협력을 할 경우 당신한테 진다는 기분이 들어서 더더욱 협력을 하지 않게 될 것이다.

아이가 생겨야 둘의 인생이 완전해지는 것은 아니다. 아이가 없어도 완전할 수 있고, 지금은 아이를 만들기 위한 준비 기간이 아니다. 아이의 탄생을 고대하는 기분은 이해하지만 아직 태어나지 않은 아이에 온통 정신을 빼앗기면 눈앞에 있는 남편과 지금의 행복을 놓칠 수 있다. 남편과의 관계를 우선으로 생각하자.

부부간에 대화가 없다

거짓말에 빚까지 지는 남편과 어느 순간부터 대화하지 않게 되었습니다. 부부 사이에 대화가 없는 것이 나쁘다는 건 압니다. 하지만 대화를 시작하면 '거짓말 그만하고, 빚도 그만 져라'는 이야기만 하게 됩니다. 그래서 아예 말을 안 하게 됩니다.

관계 개선을 위해 협력하자

당신은 대화를 하면 싸움으로 이어진다는 것을 알기 때문에 아예 입을 다무는 것이 낫다고 생각한다. 하지만 대화를 하지 않으면 상대가 무슨 생각을 하는지 알 수 없어서 관계는 더욱 나빠진다.

둘의 관계를 개선하려면 거짓말이나 빚에 대해 반드시 대화를 나눠야 한다. 따라서 그 화제를 피할 순 없다. 그렇기는 하지만 남편과의 대화에서 화제가 그것뿐이라면 남편은 숨이 막힐 것이다. 비록 자신이 잘못을 저지른 건 맞지만 말이다. 일상적인 대화에서까지 거짓말, 빚을 화제로 하는 것은 좋지 않다.

문제에 눈을 감으라는 의미가 아니다. 거짓말도 빚도 남편의 문제이지만, 결혼한 이상 둘이 협력해 해결해야 한다. 둘 사이가 좋지 않으면 직면한 문제를 해결할 수 없다.

관계를 개선하기 위해 무엇을 하면 좋을지 대화를 해보는 게 좋다. 그런 대화에서 나온 생각들로 이야기를 이어가면 된다.

우울증을 핑계로
일할 생각을 하지 않는 남편

남편은 우울증 진단을 받고 현재 직장을 쉬고 있습니다. 매일 아무것도 하지 않고 지내느라 고통스러운지 '죽고 싶다'는 말을 자주 합니다. 내가 직장에 다니기 때문에 당장 생활에 어려움은 없습니다. 그러나 퇴근하고 집에 돌아왔을 때 우울한 표정에 살아갈 기력이라고는 조금도 찾아볼 수 없는 남편을 보노라면 저역시 고통스럽습니다. 어떻게 하면 좋을까요?

생산성에서 가치를 찾지 않는다

남성이 카운슬링을 받으러 오는 일은 거의 없다. 아마도 '남자니까' 자기 일은 자기가 해결해야 한다는 생각이 강해서일 것이다. 직장에 문제가 생겼을 때도 혼자 끙끙거리다 결국 일을 키워 무너지는 사람이 적지 않다. 고민을 상의하는 것은 자신의 약점을 보이는 것이 아니다.

자신의 가치를 생산성에서 찾는 사람은 질병 등으로 일을 하지 못하게 되면 자신에게는 아무 가치도 없다고 생각한다. 특히 남성에게서 그런 경향이 강하다.

남편에게 당장은 일을 하지 않아도 그것으로 자신의 가치가 없어지는 것이 아니라고 말해주자. 집에 돌아왔을 때 그가 우울한 표정을 지어도 그것에만 주목해선 안 된다. 기력이 없어 보이는 것에 관심을 집중하지 말자. 매일 기분이 똑같은 사람은 없다. 조금은 기력이 솟는 날도 있을 것이다. 그런데 기력이 '전혀' 없다고 단정하고 보면 기력이 있는 순간도 알아채지 못할 수 있다.

존재 자체로 가치는 있다

지금 남편은 살아갈 기력을 내서는 안 된다고 결심한 것이다. 만일 기력을 내면 다시 일을 해야 한다. 일하지 않는 지금의 상태를 당신에게 이해받기 위해서 우울해 하고 '죽고 싶다' 고 호소한다. 또, 스스로도 이래서는 일을 할 수 없다고 확신하고 싶은 것이다.

사람은 누구나 일을 하고 싶지 않다는 생각을 간혹 한다. 그런 때 일하지 않는 것을 정당화하기 위해 우울해질 필요는 없다. 그러므로 지나치게 남편의 병에 주목해선 안 된다.

다시 일하기로 결심하기 위해서는 자신에게 가치가 있다고 생각해야 한다. 그렇게 하려면 그가 지금 모습에 가치가 있다고 여겨야 한다. 곁에 있는 당신은 그가 그렇게 생각할 수 있도록 지원할 수 있다. 일을 하건 하지 않건 "당신과 같이 있어서 행복하다"는 식으로 그와 같이 있는 것이 기쁘다고 말하면 된다.

이처럼 그의 행위가 아닌 존재(살아 있는 것)에 주목해서 말하면 일하지 않아도 지금의 자신이 당신에게 도움이 된다는 것을 알게 되고, 자신에게 가치가 있다는 생각이 들어 다시 일할 용기를 갖게 된다.

고생한 과거 이야기만 하는 남편

남편은 기회가 있을 때마다 오래전의 이야기를 늘어놓습니다. 가령 어릴 때 가난해서 고생했다, 선생님한테 구박받았다, 부모의 사랑을 받지 못했다 등의 일들입니다. 이야기를 듣고 내가 "힘들었겠네" 하고 위로하면 "당신은 몰라!"라고 쌀쌀하게 반응합니다. 내가 어떻게 대꾸해야 할지 모르겠어요.

어떻게 해주기를 바라는지 묻는다

고생한 과거 이야기를 하는 사람에게 "힘들었겠다", "고생했겠다"라고 하면 당신의 남편처럼 "당신이 뭘 안다고 그러느냐"라고 되받아쳐 당황할 때가 있다. 그럴 거면 왜 과거 이야기를 꺼내는지 묻고 싶을 정도다.

이런 때는 본인에게 직접 물어보는 것이 가장 안전하다. "당신은 내가 어떻게 말해주었으면 좋겠어?" 하고 물어보면 된다. '말을 들어달라' 면 들어주면 되고, '조언해달라' 면 조언 해주면 된다. 그런데 이런 이야기를 하는 사람이 조언해달라 고 말할 가능성은 적다.

"힘들었겠다"고 말하면 지금까지의 인생이 정말 힘든 일뿐 이었다고 생각하게 된다. 조언은 할 수 없어도 "힘들었겠지만 당신이 용기를 내서 헤쳐왔다고 생각해" 하고 말해주자. "힘들 었던 얘기 말고 다른 얘기도 듣고 싶다"고 말해도 좋다. 과거 이야기가 아니라 사소한 이야기를 하는 재미도 깨달을 수 있 도록 화제를 바꾸는 노력도 해보자.

남편이 고생담을 늘어놓는 것은 '굴절된 인정 욕구 때문' 이다. 지금 자기 생각대로 되지 않는 일이 있는데, 그 원인이 과거에 있다는 걸 당신이 인정해주기를 바라는 것이다. 그러 므로 그냥 "힘들었겠다"고 말해선 안 된다.

한편 "당신은 몰라"라고 반응하는 걸 보면, 지금 어떤 문제 가 있건 그 원인이 과거에 있지 않다는 것을 남편 스스로도 알 고 있을지 모른다. 안타깝지만 그가 지금 직면하는 문제에 대 해 당신이 할 수 있는 일은 없다. 그러나 "당신은 지금 그대로 도 충분하다"라고 말해줄 수는 있다.

이혼을 결심했다

결혼한 지 1년 됐는데, 서로 바라던 결혼 생활이 아니어서 이혼하기로 이야기를 정리했습니다. 이혼할 때 주의해야 할 것이 있나요?

한 번은 관계를 개선하려는 노력을 해본다

이혼하기로 정리가 되었으니 이혼을 단념하라는 말은 귀에 들어오지 않을 것이다. 하지만 한 번 정도는 관계를 개선하기 위해 고민하고, 노력해봐야 한다.

　이혼을 생각하게 된 것은 둘의 애정이 부족해서가 아니라 관계를 만드는 방법을 몰랐기 때문이다. 또 하나, 둘의 결혼 목표가 일치하지 않아서다. 결혼으로 무엇을 바라는지가 서로

달랐던 것이다.

많은 사람이 그렇듯 당신 부부도 사랑이라는 둘의 관계에 대해 어떤 교육도 받지 않았다. 거듭 강조하는데, 사랑이라고 하면 대개는 사랑받는 것을 떠올린다. 특히 어릴 적부터 부모나 자신이 바라는 것을 전부 (아들러의 표현을 빌리면) "은접시에 담긴 채로" 받아온 사람은 어른이 되어서도 상대에게 무엇을 해주기보다 상대가 자신에게 무엇을 해줄까만 생각한다.

연애를 할 때도 사랑하는 것에는 관심이 없고 오로지 상대에게 사랑받고 싶다는 생각뿐이다. 둘 다 그렇게 생각하면 결과는 비참할 수밖에 없다.

서로의 목표가 일치하지 않는 것은 둘의 관계에 좋지 않은 영향을 준다. 결혼을 하면 어떻게 하고 싶은지, 어떻게 되고 싶은지 결혼 전에 충분히 대화해야 한다. 그때 하지 못했다면 지금이라도 늦지 않다. 결혼 전에 충분히 대화를 했어도 결혼 생활을 하면서 궤도 수정이 필요한 경우는 얼마든지 있다.

삶은 누구에게나 쉽지 않다.
굴할수록 돌아가라.

8장

육아의 어려움

나만 정신없이 바쁜 것에 화가 난다

아침에 아이를 유치원에 데려다주고 허둥지둥 지하철로 출근하는 워킹맘입니다. 회사에서도 화장실 가는 시간조차 아끼며 퇴근 시간까지 쉼없이 일해야 간신히 아이 하원 시간에 맞출 수 있습니다. 이런 저와 달리 결혼한 남자 직원들이 느긋하게 일하고 퇴근하는 모습을 보면 화가 납니다.

타인이 당신의 상황을 모두 이해할 수는 없다

태연하게 오랜 시간 휴식을 취하며 자리를 비우는 사람이 있다는 것은 회사로서도 손해이고, 그런 일을 방치하면 좋을 리 없다. 그러나 그런 습관을 개선하는 것은 당신이 아니라 상사의 과제다. 만일 상사가 미처 모르고 있다면 보고할 필요가 있다. 회사 전체적으로 규정을 만들도록 제언할 수도 있다.

같은 직원으로서 당신이 주의를 줄 수도 있다. 그때 "나는 화장실 가는 시간도 아끼며 일하는데" 하는 식의 말은 해선 안 된다. 타인이 당신의 상황을 완벽하게 이해할 수는 없다.

주의를 주었을 때 그 자리에서 통하지 않더라도, '저들은 저렇게 게으름을 피우는데 왜 나만 이렇게 힘들게 일하나' 하며 감정적이 되어서는 안 된다. 그러면 문제를 해결하기 위해 냉정하게 방법을 취할 수 있다. 또 결혼한 남자 직원 중에도 게으름 부리지 않고 열심히 일하는 사람이 있다는 데 생각이 미칠 수 있다.

부모에게 부탁했는데 거절당했다

아이 봐주는 분에게 사정이 생겨 부모님께 잠시 부탁했는데 "서예 교실에 가야 해서 안 된다"며 거절당했습니다. 그래서 서운하다고 얘기했다가 말싸움까지 하게 됐습니다. 부모의 도움이 필요해 부탁했을 때 거절당하면 화가 납니다.

부모라고 당연한 것은 없다

혼자 힘으로 모든 것을 할 수 있는 사람은 없으니 타인에게 도움을 청해야 한다. 그러나 타인은 당신의 기대를 만족시키기 위해 사는 것이 아니므로 도와달라고 했을 때 반드시 들어줘야 할 이유는 없다.

오히려 들어주지 않는 경우가 많다. 만일 타인이 도와준다

면 그것은 호의여서이지 의무 때문이 아니다. 그러므로 도와
달라는 부탁을 거절해도 화를 내선 안 된다. 하지만 거절당하
면 화를 내는 사람도 있다.

대체로 의존적인 사람은 타인이 자기 생각대로 행동해주면
인복이 있다며 기분 좋아하고, 자신의 부탁을 들어주지 않는
사람이 나타나면 불쾌해하거나 화를 낸다.

부탁을 거절당해서 화가 나는 상황을 피하려면 어떻게 해
야 할까?

타인에게 도움을 구하지 않는다. 정말 혼자 힘으로 해결할
수 없는 일인지 다시 확인하자. 자력으로 할 수 있으면 타인에
게 도움을 청하지 않아도 되니까 거절당할 리 없고 화를 낼 일
도 없다. 여기서 타인에는 부모도 포함된다. 타인에게는 좀처
럼 부탁하지 않는 일도 부모라면 당연히 들어주어야 한다는
생각은 잘못된 것이다.

혼자 힘으로 할 수 있는 일조차 타인에게 도움을 요청하는
사람이 있다. 그런 사람을 아들러는 "타인의 공동체 감각을 착
취하는 사람"이라고 했다. 공동체 감각social interest이란 '타인에 대
한 관심'이라는 뜻이다. 타인에게 관심을 갖는 사람은 타인이
도움을 요청할 때 어떻게든 힘이 되어 주고 싶어 한다. 그래서
도와주는 것을 꺼리지 않을 뿐만 아니라 오히려 기뻐한다. 그

런 사람의 호의와 선의라는 자원을 자신이 독점해선 안 된다. 더 좋은 일에 쓰일 수 있도록 말이다.

도와주는 사람 역시 상대가 도움을 요청할 때 그가 자력으로 할 수 있는 일은 받아주면 안 된다. 실제로 이런 경우 거절하기가 어렵다. 거절하면 미워할까 봐 두려워하는 사람에게는 더욱 어렵게 느껴질 것이다. 도움 요청을 거절하지 못하는 사람도 자신에게만 관심이 있는 사람이라 할 수 있다. '타인의 공동체 감각을 착취하는 사람'은 미움받을까 두려워하는 사람의 불안한 마음을 자극한다. 혼자 힘으로 가능한 일이면 도움을 요청해도 상대를 위해서 거절해야 한다. 거절해서 마찰이 생길지라도 단호하게 거절해야 한다.

도움을 요청받은 사람은 자신에게도 엄격해질 필요가 있다. 진정한 의미에서 공동체 감각이 있는 사람, 즉 타인에게 관심이 있는 공동체 감각을 가진 사람이라면 도와달라는 부탁을 받아도 무조건 들어주지 않는다. 그 도움이 상대를 위한 것이 아닌 경우가 있기 때문이다.

도움을 요청하는 측의 이야기로 돌아가자. 자력으로 해결할 수 있는데 처음부터 할 수 없다고 단정하는 것이 아닌지, 손쉽게 타인에게 도움을 구하는 것이 아닌지 충분히 생각해야 한다.

그런 다음에 도저히 혼자 힘으로 해결할 수 없다면 그때 도움을 요청한다. 단, 앞에서도 보았듯이 타인에게 도움을 구해도 거절당할 수 있지만 일단 정중하게 부탁하는 수밖에 없다.

말은 이렇게 해도 실제로 도움을 줄지 어떨지 선 긋기가 쉽지 않다. 기준이 되는 가이드라인은 이렇다. 자신은 가능한 한 타인에게 도움을 요청하지 않는다. 반면에 타인이 도움을 구하면 가능한 한 도와준다. 만일 모든 사람이 이 가이드라인에 따라서 산다면 세상은 훨씬 살기 좋은 곳이 될 것이다.

아이를 키울 때는 조금 다르다. 자녀가 말로 부탁하면 그것이 자녀 혼자 힘으로 할 수 있는 일이어도 들어줘도 된다(부탁도 안 했는데 아이 혼자 할 수 있는 일까지 부모가 나서서 해주는 것은 아이를 응석받이로 만드는 것밖에 되지 않는다). 그렇지만 아이로서는 부모가 자신의 부탁을 들어주면 기분이 좋을 테고, 그런 경험을 하면 다른 기회에 타인이 도움을 청했을 때 도와주려 할 것이다. 이런 경험을 통해 타인에게 베푸는 기쁨을 깨닫는다.

아이를 키우며 일하기 힘들다

유치원에 아이를 보내고 싶어도 공석이 없어 보낼 수 없습니다. 친정과 멀리 떨어져 살아서 아이를 봐줄 사람이 없고, 그래서 일을 할 수가 없습니다. 상대적으로 아동보다 고령자 정책에만 돈을 쓰는 것 같아 화가 납니다.

사분과 공분은 다르다

나도 아이를 유치원에 보낼 때 애를 먹었다. 아이를 맡길 수 없었다면 나도 일을 하기가 어려웠을 것이다. 많은 부모가 이런 문제로 애를 태우는데도 대기 아동 문제에 국가가 적절한 대응을 하지 않는 것이 실망스럽고 화가 난다.

개인 간에 '화'라는 감정을 사용하는 것은 미숙한 소통법이다. 그러나 정치나 사회적 제도에 의문이 들 때는 철저히 따져 묻고 개선을 요구해야 한다.

사회적인 문제에 화가 난다면 그 감정은 개인 간의 사적인 분노(사분)와는 다르다. 사회의 모순과 부정에 대한 화(공분)는 자신의 이익이나 손해를 초월한, 논리적이고 냉정한 감정이다.

하지만 고령자 정책에 돈을 쓰는 것에 대한 시비(是非)는 대기 아동 문제와는 별개로 다뤄야 한다. 어린이, 노인 모두 안심하고 살 수 있는 사회를 만드는 것이 중요하다. 따라서 어린이가 고령자 때문에 희생되거나 반대로 고령자가 어린이 때문에 희생되는 일은 절대 없어야 한다.

열심히 해도 아내는 잔소리뿐

맞벌이 부부로 서로 시간을 쪼개가며 집안일과 육아를 하고 있습니다. 나는 요즘 말하는 '육아 아빠'로, 나만큼 집안일과 육아를 잘 도와주는 남편은 없을 거라 자신합니다. 스스로 칭찬해주고 싶습니다. 그런데 아내는 사소한 것까지 "이렇게 할 거면 안 하는 게 낫다"고 잔소리합니다.

아내의 공헌에 주목한다

나도 아이를 키울 때 유치원 등 · 하원 등 육아와 집안일을 아내와 같이 했고 몹시 힘들었다. 그런데 어떤 형태로든 자신이 한 행위를 인정받고 싶다고 생각하면 절망하게 된다.

자신의 행위를 인정받지 못하는 것은 말할 나위 없고 부정당하기까지 하면 의욕을 상실하게 된다. 그러니 먼저 의욕을 꺾는 말은 하지 말아달라고 부탁하자. '안 하는 게 낫다'는 말에 집안일에서 손을 떼는 성숙하지 못한 싸움은 하지 않는 것이 현명하다. 육아를 포기할 수는 없으니까 말이다.

바깥일과 집안일, 육아를 병행하는 것은 당신만이 아니다. 아내도 최선을 다하고 있다. 그녀가 당신을 인정해주지 않아도 당신은 육아와 집안일에 애써주는 아내에게 고맙다는 말은 할 수 있다.

"고맙다", "당신 덕이다" 하고 말하면 되는데, 그런 말을 들으면 아내도 좋아할 것이다. 그러면 그녀는 당신에게도 "고맙다", "당신 덕이다" 하고 말해줄지 모른다. 물론 그렇지 않을 수도 있다. 중요한 것은 당신은 그런 말을 듣지 못해도 당신 스스로 어려운 일을 하고 있다고 뿌듯함을 느끼면 된다는 것이다.

공부에 의욕이 없는 아들

고등학생 아들을 둔 엄마입니다. 공부해야 한다는 걸 본인도 알고 있습니다. 그런데 입으로는 "공부할 거야"라면서 스마트폰만 만지작거리고, 공부에 의욕이 전혀 없습니다. 부모로서 어떻게 해야 할까요?

공부하지 않는 쪽을 선택한 것이다

안타깝지만 부모가 할 수 있는 것은 없다. 실제로 공부하지 않는다면 그것은 공부해야 하는 이유를 몰라서다. 입으로는 공부하겠다고 했지만 말과 행동이 모순될 때는 행동이 우선이다. 적어도 스마트폰을 만지작거릴 때는 공부보다 스마트폰이 자신에게 필요하다고 판단한 것이다.

'의욕이 없다'는 것도 사실이 아니다. 의욕을 내서는 안 되기 때문에 의욕을 내지 않는 것이다. 의욕을 내면 공부를 해야 하는데, 공부해도 좋은 성적이 안 나오면 부모에게 꾸중을 들을 테니까 그렇게 되지 않도록 처음부터 공부하지 않는 쪽을 선택한 것이다. 공부하지 않으면 좋은 성적을 받지 못해도 용서된다고 생각하기 때문이다.

실제로 부모들은 "너는 머리가 좋아서 공부만 하면 좋은 성적을 받을 수 있는데 왜 안 하니" 하는 식으로 말한다. 그래서 아이는 현실적인 노력을 하지 않고 가능성 안에서 사는 것을 선택한다. 그때 아이는 매일 스마트폰만 들여다봐서 공부를 못하는 것이라고 스스로에게 변명한다.

이런 경우 부모는 아이가 공부를 하든 말든 조용히 지켜보는 수밖에 없다. 자신만이 해결할 수 있는 일이 있고, 그것은 다른 누구도 대신 해줄 수 없다. 당신의 아들은 공부를 하지 않으면 그 결과가 자신에게 돌아온다는 것을 스스로 알아야 한다.

일반적으로 무언가가 '누구의 과제'인지는 '그 최종적인 책임을 누가 져야 할지'를 생각하면 알 수 있다. 이렇게 생각하면 공부는 부모의 과제가 아니라 자녀의 과제라는 게 확실해진다.

인간관계에서 모든 문제는 타인의 과제에 간섭하고 간섭당하는 데서 시작된다. 자녀의 공부 문제도 마찬가지다. 부모는 자녀의 과제인 공부에 대해서는 어떤 행동이나 말도 하지 않는 것이 좋다.

누구에게나 삶은 쉽지 않다는 것을 알아야 한다. 그렇게 하려면 부모가 간섭하지 말아야 하고, 또한 그것이 자녀를 위한 길이다. '급할수록 돌아가라'는 말을 명심하자.

부정적인 말만 듣고 자라
나를 사랑할 수 없다

어릴 적부터 엄마의 칭찬을 한 번도 듣지 못했습니다. 항상 "넌 바보야" 같은 말만 듣고 자라서 자기 긍정감이 없어요. 내 아이는 칭찬해주며 키우고 싶은데 칭찬 외에도 효과적인 방법이 있나요?

인간관계 속으로 뛰어들 용기를 가져라

자신에게는 아무 가치도 없어서 자신을 사랑할 수 없다는 사람이 많다. 어머니한테 칭찬이 아닌 부정적인 말만 들어서 자기 긍정감이 없다는 것은 사실이 아니다.

물론 지속적으로 그런 말을 들으면 자신을 사랑할 수 없게 될 수도 있지만, 모든 사람이 그런 것은 아니다. 왜냐면 아이는 자라면서 부모와만 관계를 맺는 것이 아니기 때문이다. 부모 이외의 어른이나 친구들과의 관계 속에서 자신의 가치를 발견하고 사랑할 수 있다.

부모의 말 때문에 자신을 사랑할 수 없게 되었다는 사람은 그렇게 생각하고 싶거나, 어떤 목적을 위해 자신을 사랑하지 말자고 결심한 것이다. 바로 사람과 관계하지 않기 위해서다. 인간관계를 맺게 되면 배신당하고, 미움받고, 욕먹는 것을 피할 수 없다. 그런 불쾌한 일을 경험하느니 차라리 누구하고도 가까워지지 말자고 생각하는 사람은 자신에 대한 부모의 평가나 행동을 자신을 사랑할 수 없는 원인으로 삼는다.

자신을 낮게 평가해 자신을 사랑하지 않으면 인간관계 속으로 적극적으로 뛰어들려 하지 않게 된다. 그리고 실제로 사람과 관계하지 않으면 불쾌한 일을 겪지 않아도 된다. 그러나 삶의 기쁨과 행복은 사람과 관계하는 속에서만 얻을 수 있다.

결혼한 사람은 배우자와 함께하면 분명 행복한 삶이 기다릴 거라 기대했을 것이다. 또, 아이가 태어났을 때는 탄생을 무조건 감사하며 앞으로 행복한 가정을 만들 수 있을 거라고 기뻐했을 것이다.

그러나 어느 사이에 부부의 마음은 멀어지고, 자식들도 사춘기가 되면 부모에게 반항한다. 그러다가 '아, 이게 아닌데'

라고 깨달으며 후회하는 시기를 맞이하는데, 이때는 이제 어쩔 수 없다고 포기해버린다.

이처럼 인간관계는 고민과 고통의 원천이지만 삶의 기쁨이자, 즐거움이기도 하다. 행복 역시 타인과의 관계 안에서만 얻을 수 있기 때문에 인간관계 속으로 뛰어들 용기를 가져야 한다.

누구나 '존재'만으로 이미 의미는 있다

아들러는 "인간관계 속으로 들어갈 용기는 자신에게 가치가 있다고 느낄 때만 가질 수 있다"고 말했다. 자신에게 가치가 없어서 자신을 사랑할 수 없는 것은 부모 탓이 아니다. 당신이 인간관계 속으로 들어가지 않기 위해 사랑하지 말자고 결심한 것이라는 사실을 이해해야 한다.

사람은 어떤 때 자신에게 가치가 있다고 생각할까? 그것은 자신이 누군가에게 도움이 된다고 느낄 때다. 그렇게 생각하려면 사소한 것이라도 자신이 살아 있는 자체가 타인에게 기쁨이 되고, 그것만으로도 타인에게 도움이 된다고 실감할 수 있어야 한다.

그런 식으로 느낄 수 없다는 사람도 간혹 있는데, 가족과 친구를 좋아하는 데 특별한 이유가 있을까? 친구나 가족은 그 사람이 친구나 가족으로 '존재한다'는 자체가 전부다. 같이 숨쉬며 사는 것이 자신에게 기쁨이고, 기쁨을 가져다주는 것으로 공헌한다고 할 수 있다. 자신에 대해서도 마찬가지다. 자신이 '존재하는' 것만으로도 누군가에게 기쁨이 되고 그런 의미에서 공헌하는 것이다.

다른 사람에게도 그가 공헌하고 있다는 사실을 말해주어 인간관계 속으로 들어갈 용기를 내도록 도와주자. 공헌했다는 마음이 들면 자신에게 가치가 있다고 생각해서 인간관계 속으로 들어갈 용기를 가질 수 있다. 그런 용기를 갖게 도와주는 것을 아들러 심리학에서는 '용기 부여'라고 한다. 이런 훈련이 되면 결국에는 누구의 도움 없이도 공헌했다는 마음을 가질 수 있게 된다.

아이를 돌보다 보면 '그냥' 화가 난다

매일 아이와 씨름하다 보면 그냥 짜증이 나고 감정적이 되어 아이를 지배하고 싶은 기분이 들어요. 그런 때는 어떻게 해야 하나요?

'화'를 대신할 커뮤니케이션 방법을 배운다

사실은 '그냥' 화가 나는 게 아니다. 스스로 감정적이 되기로 한 것이고, 그 목적은 '지배'다. 요컨대 상대를 자기 생각대로 움직이고 싶은 것이다. 이런 일은 아이와의 관계에서만이 아니라 모든 인간관계에서 일어난다.

화가 날 때 그것을 참기는 쉽지 않다. 화를 '참는다'는 발상에서 벗어나야 한다. 화를 참거나 통제하는 것은 화라는 감정이 일어나는 것을 전제로 하므로, 처음부터 화를 사용하지 않으면 된다. 화를 대신할 커뮤니케이션 방법을 배우면 화가 필요 없게 된다. 그러면 화가 존재하지 않으므로 참지 않아도 된다.

화를 내는 대신 아이가 해주기를 바라는 것, 하지 않았으면 하는 것을 말로 부탁하라. 부탁을 할 때는 상대가 "싫다"고 말할 수 있는 여지를 준다. "~해줄래요?" 하고 의문문으로 말하거나 "~해주면 좋겠다", "~해주면 도움이 될 것 같다"고 가정문으로 말하면, 상대가 "싫다"고 할 수 없도록 명령할 때보다 저항감이 적어진다.

아이가 자신의 생각대로 행동하지 않을 때, 감정적이 되어 명령하면 아이 역시 감정적으로 반발한다. 아이라고 부탁했다고 해서 당연히 요구를 들어줄 이유는 없다. 그럴 때 화를 낸다고 들어주는 것도 아니다. 아이가 자신의 요구를 들어주어야 한다고 당연하게 생각하는 사고를 바꿔야 한다.

극단적인 성격의 남편

남편의 성격이 극단적이라서 모호하거나 어중간한 것을 싫어합니다. 아이에게도 완벽함을 요구해 매사 완벽하지 않으면 심하게 혼을 냅니다. 아이는 그래도 아버지를 좋아해서 애써 참으며 노력합니다. 내가 남편에게 한마디라도 하면 큰 말싸움으로 이어지고, 아이가 그걸로 스트레스를 받기 때문에 나는 아무 말도 할 수 없습니다. 그래서 내가 나서는 건 이제 포기했지만 그래도 아이가 가여워요.

자식의 과제에 간섭하지 않는다

남편과 자식의 관계에 당신이 간섭할 수는 없다. 아버지의 생각이 틀렸다고 생각하면 아이 스스로 반론하면 된다. 당신이 남편의 방식에 의견을 말할 필요도 없고, 말할 수도 없다. 아이에게 당신이 해줄 것은 없는지 물을 수는 있을 것이다. 그러나 이때 아이가 "아버지에게 혼내지 말라고 말해달라"고 부탁한다면 당신 입장이 난처해질 것이다.

어쨌든 그것도 아이의 일이다. 직접 말하든 말하지 못하든 그 책임을 아이 스스로 져야 한다. 즉, 혼내지 말라고 아버지한테 말을 못 하면 앞으로도 계속 혼나는 수밖에 없다.

아이는 자기 문제로 부모가 언쟁을 해서 자신이 주목의 대상이 되는 것을 은근히 기뻐할 수도 있다. 만일 그렇다면 더욱더 자녀와 남편과의 관계에는 입을 다물어야 한다.

남편도 아이와 좋은 관계를 가지고 싶어 할 것이다. "지금처럼 완벽을 강요해 야단만 치면 어떻게 될 것 같아?" 하는 식의 말을 할 수 있으면 좋은데, 부부 사이가 좋지 않으면 어떤 말도 들으려고 하지 않을 것이다. 당신이 할 수 있는 것은 아이를 지키는 것이 아니라 부부 사이를 좋게 만드는 것이다.

다 큰 아들 걱정을 떨칠 수 없다

자식 걱정을 달고 삽니다. 다 큰 성인인데도 걱정이 됩니다.

부모는 자식을 걱정하는 것으로 자식에게 의존한다

부모는 자식이 어렸을 때를 잊지 못하기 때문에 자식이 성인
이 되어도 늘 아이처럼 생각한다. 그래서 지금은 자식이 혼자
힘으로 모든 것을 해야 하는데도 자력으로 할 수 있는 것까지
간섭한다.

그런 부모의 참견을 떨쳐버려야 하는 당사자는 자식이다.
부모는 자식을 걱정해봤자 자식의 인생에 아무 영향도 미치지
못한다는 것을 알아야 한다. 자식과 멀리 떨어져 있든 같이 살
든 마찬가지다.

자식이라 해서 부모가 걱정해주는 걸 무조건 좋아하는 건 아니다. 오히려 귀찮아한다. 간섭이 계속되면 자식과의 관계가 나빠지고, 관계가 나쁘면 진짜 도움이 필요한 때조차 부모의 도움을 거절하는 사태에 빠진다. 진짜 필요한 때 도울 수 있도록 평소에는 자식 걱정이나 간섭을 하지 말아야 한다.

자식을 걱정하는 한 당신은 자식에게 의존해 사는 것이다. 자식을 걱정하는 방식으로 의존하는 것 외에 자신이 살아 있다는 증거를 찾을 수 없게 되어버린다. 누구, 혹은 무언가에 의존하는 자체가 문제다. 사람은 무언가에 의존하지 않고 살아야 하는데, 부모가 그렇게 하려면 적어도 마음을 차지하는 대상을 자식이 아닌 다른 무언가로 바꿔야 한다.

가령 일을 하거나 취미 활동을 한다. 일을 하는 동안만이라도 자식 생각을 잊을 수 있으면 24시간 내내 자식을 걱정하는 것보다 건강한 생활을 할 수 있다. 그러다 보면 어느새인가 자식 생각을 거의 하지 않게 되었다는 걸 깨닫게 된다.

부모가 걱정하는 것으로 자식이 위험에 빠지는 것을 막을 수 있다면 의미가 있겠지만, 실제로는 부모가 아무리 걱정해도 자식의 인생이 바뀌지는 않는다. 자식을 걱정하는 부모 역시 자식에게 불안요소가 있어서가 아니라, 그렇게 함으로써 자신의 인생 과제에서 도망치려는 것일 수도 있다.

자녀에 대한 기대

아이에 대한 많은 욕심을 버리고 내 옆에 그저 건강하게 자라기만을 바랍니다. 그런데 이것 역시 타인에 대한 기대인가요?

살아 있는 것에 기쁨을 느끼자

살아 있다는 데 기쁨을 느낀다는 건 보편적으로 인정되는 자식에 대한 기대 혹은 희망이다. 나는 부모님의 간병을 할 때 하루하루 기력을 잃어가는 부모님 옆에서 '살아 계시기만 하면 좋겠다'고 생각했다. 그러나 아무리 바람이 간절해도 현실에선 이루어질 수 없다는 사실을 인정할 수밖에 없었다.

아이를 향해 '그저' 건강하게 살면 좋겠다는 생각이 다른 쪽으로 부풀지 않도록 주의해야 한다. 어느 사이에 다른 아이

들처럼, 혹은 그 이상이 되기를 바라면서 이상적인 모습을 그리기 시작하는 순간, 현실의 자녀를 그 이상에 많이 못 미치는 아이로 보게 된다.

부모가 아이가 살아 있다는 것만으로 기뻐할 수 있다면, 아이에게 어떤 일이 일어나도 받아들일 수 있다.

자신을 사랑할 수 없는 사람은
어떤 목적을 위해
자신을 사랑하지 말자고
결심한 것이다.

바로 사람과 관계를
맺지 않기 위한 목적이다.

하지만 삶의 기쁨과 행복은
타인과의 관계를 통해서
얻을 수 있다.

인간관계에서의 윤리는 타인의 과제에 간섭하는 것
간섭당하는 것에서 일어난다.

9장

가족 간 갈등

어머니의 걱정이 지나칩니다

잔걱정이 많은 어머니 때문에 고민이에요. 걱정해주는 것은 고마운데 도를 넘어 집요할 때가 많습니다. 그런 때는 짜증이 나서 심한 말도 하게 되는데 어떻게 대응해야 할까요?

자립한 성인이라고 말한다

부모가 자식을 걱정하는 것은 부모의 선의다. 그러나 부모의 걱정이 도가 지나치면 자식은 견디지 못한다. 자식이 몇 살이건 어릴 적과 똑같이 대하는 부모가 많다. 그런 부모는 자식이 스스로 책임지고 해야 하는 일에도 개입한다. 자식이 최종적으로 책임져야 할 일, 결과가 자식에게 닥치는 일은 자식의 과제다. 인간관계에서의 문제는 타인의 과제에 간섭하는 것, 간섭당하는 것에서 일어난다. 부모와 자식 간의 관계도 예외는 아니다.

우리 집은 맞벌이라서 초등학생이던 아들에게 집의 현관 열쇠가 달린 끈을 목걸이처럼 목에 걸어주었다. 낮에는 집에 아무도 없어서 혼자 문을 열고 들어와야 하기 때문이다. 어느 날 아침, 아들을 보니 목에 열쇠 목걸이가 없었다. 이야기를 해주지 않으면 방과 후에 집에도 들어오지 못할 것 같아서 "오늘은 열쇠 안 챙긴 것 같은데?" 하고 넌지시 얘기했다. 그러자 아들이 이렇게 말했다.

"아빠, 그런 건 걱정 안 해도 돼요."

이후에 알았는데 그때 열쇠 달린 목걸이는 챙기지 않았지만 아이는 그런 때를 대비해 여벌의 열쇠를 책가방 바닥에 넣어 두었다고 한다.

당신의 부모는 당신이 아직 자립하지 못했다고 생각한다. 실제로는 자립했겠지만 부모는 자식이 자립하지 못했고, 그래서 자식의 과제에 개입해야 한다고 생각해 계속 자신의 지배하에 두려는 것이다. 반발하는 당신에게 "너를 위해 이러는 거야"라고 말한다면, "걱정할 필요 없다"고 분명하게 거절해야 한다.

보통 부모의 간섭을 거절할 때 '강한 말투'로 할 필요는 없다. "괜찮다"고 부드럽게 말하면 된다. 가능하면 "걱정해줘서 고맙다"는 말도 더하자. 그렇게 말하면 더욱 부모가 간섭할지 모른다고 생각할 텐데, 그렇지 않다.

으르렁대는 모녀 사이, 바꿀 수 있을까

애착관계를 단단히 하지 못한 채 서른 살 어른이 된 딸과 50대 엄마인 나의 관계를 회복할 수 있을까요? 주위의 다른 모녀들을 보면 사이가 좋은데, 우리는 서로 화만 냅니다. 이제부터라도 다정하게 지내고 싶은데 어떻게 해야 할까요?

관계는 바꿀 수 있다

과거의 부모·자식 관계가 어떠했든 간에 지금, 그리고 앞으로의 관계가 어떻게 될지는 알 수 없다. 지금까지 별로였어도 앞으로 좋아질 수 있다. 단, 지금까지와는 전혀 다른 관계를 쌓겠다는 결심이 필요하다.

어떤 일로 화만 내는지 모르지만, 자식은 부모의 기대를 만족시키는 존재가 아니란 사실을 알아야 한다. 자식이 당신 마음에 들지 않는 삶을 살아도 간섭할 수 없다. 어릴 때는 부모가 자식을 보호해야 하지만 지금은 그렇지 않다.

도와줄 일은 없는지 물을 수는 있지만 그 이상의 간섭은 안 된다. 잔소리를 하고 간섭하는 것은 자식에게 과제를 스스로 해결할 능력이 있다고 확신하지 못해서다. 자식 스스로 결정할 수 있는 것, 결정해야만 하는 것에 간섭하지 않으면 그것만으로도 소통에 문제가 없는 부모 · 자식 사이가 될 수 있다.

부모 · 자식 관계를 회복하고 싶으면 사이가 '좋다', '나쁘다' 하는 양자택일로 생각해선 안 된다. 그럭저럭 좋으면 되지 이상적으로 좋은 관계여야 하는 것은 아니다. 아무리 사이좋은 사람들도 때로는 싸우며 산다. 관계가 그럭저럭 좋으면 일시적으로 서먹해지는 일이 있어도 조만간 회복할 수 있다. 같은 공간에서 같은 공기를 마시는 것조차 싫은 사이가 아니면 좋은 관계라고 생각해도 괜찮다.

자신도 들으면 화날 만한 말은 자식에게도 해선 안 된다. 이 정도는 어렵지 않을 것이다. 부모와 자식 사이라고 해서 아무 말이나 내뱉어도 되는 것은 아니다. 가까우니까 거침없이 말해도 된다고 생각할 수 있는데, 가까울수록 자신의 말이 상대에게 어떻게 들릴지 신경 써야 한다.

자식의 기분을 짐작하지 않고 자연스럽게 말할 수 있으면 가장 좋은데, 처음부터 그럴 수는 없다. 아마도 자식이 싫어하는 말을 해버리는 경우도 있을 것이다. 그렇게 되지 않도록 의식해서 말을 가려 하는 노력부터 시작해보자.

참견이 심한 시어머니

시어머니는 참견이 심하고 고압적입니다. 집안일을 할 때도 "그릇이 산더미같이 쌓여 있길래 내가 설거지해줬다"라고 일일이 말합니다. 시어머니가 아이를 봐주던 때는 잠자코 넘어갔는데, 이젠 못 참겠어요.

왜곡된 인정 욕구

아이가 짓궂은 장난을 쳐서 야단맞는 것으로 부모의 시선을 끌듯, 누군가를 난처하고 불쾌하게 하는 것으로 자신의 행동을 인정받으려는 사람이 있다. 아마도 시어머니는 자신이 당신을 불쾌하게 할 거란 생각은 미처 하지 못했을 것이다. 다만, 자신의 행동을 인정받지 못하면 만족할 수 없기 때문에 굳이 당신에게 "설거지해줬다"고 말하는 것이다. 고맙다는 말을 끌어내 당신을 지배하려 하는 것이다. "내가 지적하지 않아도 네가 먼저 알아채서 내게 고맙다고 해라" 하는 말이다.

인정받으려는 태도가 주위 사람을 불쾌하게 한다는 것을 이 경우로 알 수 있다. 인정받고 싶어 하는 사람은 자신의 행위가 타인에게 도움이 될지 어떨지는 전혀 관심 없다. 인정받겠다는 생각뿐이다.

공헌했다는 마음을 갖도록 돕는다

이렇게 매번 인정을 받으려는 사람에게는 그 사람의 인정 욕구를 채워주는 대신 공헌했다는 마음을 가질 수 있도록 돕는 것이 중요하다. 그렇게 하려면 "설거지를 해줬다" 하는 고압적인 말에는 반응하지 않으면 된다. 동기는 제쳐놓고라도 설거지를 해준 것 자체는 고마운 일이니까 그것에 대해서는 고맙다고 말한다.

행위의 적절한 면에 주목하는 것으로 부적절한 면에 주목하지 않으면 된다. 이번 경우 고압적인 말투에는 주목하지 말고, 설거지를 해줘서 도움을 받은 데 주목한다. 동기야 어떻든 설거지를 해준 것은 고마운 일이니까.

사람은 집에서든 직장에서든 '이곳에 있어도 된다'고 느낄 수 있어야 한다. 그러나 그렇게 느끼지 못하는 사람은 주위 사람을 난처하게 해서라도 소속감을 얻으려고 한다. 그런 사람은 특히 공동체의 중심에 있어야만 직성이 풀린다. 누구나 자신이 공동체에 속해 있다는 소속감을 느끼고 싶어 하지만, 그것과 공동체의 중심에 있는 것과는 별개의 문제다.

그래서 처음에는 건설적인 행동을 하여 공동체의 중심에 있으려고 하는데 자신이 바라던 주목을 얻지 못하면 문제 행동을 일으킨다. 칭찬받고 자란 사람은 자신의 행동을 인정받기를 강렬히 원하는 경향이 있어서 상대가 알아채 주지 않으면 미움받을 짓을 해서라도 인정받으려고 한다.

가족이라면 이런 사람에게 "고맙다", "도움이 됐다"고 말해 줄 수 있다. 어쩌면 아이를 봐달라고 부탁했을 때 시어머니가 봐주는 것에 대해 고마운 마음을 충분히 표현하지 못했을지 모른다. 과거의 일은 어쩔 수 없으니 앞으로는 시어머니가 집 안일을 도와주었을 때 고맙다고 말해보자.

이때 다른 저의가 있어선 안 된다. 시어머니가 공헌했다는 마음을 느끼면 그것으로 좋을 뿐, 고맙다는 말로 시어머니의 행동을 바꾸려고 해서는 안 된다.

또, 뭔가를 했다는 행동이 아니라 '존재' 자체에 고맙다고 말할 수 있다. "어머니가 계셔서 큰 도움이 돼요" 하는 말이 그 예다. 군이 뭔가를 하지 않아도 자신에게 가치가 있다고 생각할 수 있으면 자신이 한 행동에 주목을 받으려는 인정 욕구도 서서히 사라진다.

그런 다음에 지금은 이전과는 상황이 바뀌었다는 것을 말로 전달해야 한다. 아이를 봐달라고 부탁했을 때는 도움이 고마웠지만, 지금은 그때만큼의 도움은 필요하지 않다고 분명히 말해야 한다.

시어머니로서는 자신이 잘한다고 생각했는데 며느리에게 부정당한 기분이 들기 때문에 더 큰 문제가 생길 수 있다. 그러나 하고 싶은 말을 참는다고 해서 시어머니와의 관계가 좋아지는 것은 아님을 기억해야 한다.

친절이 과해 부담스러운 시어머니

시어머니가 반찬을 택배로 보내줍니다. 그때마다 냉장고에 넣어두긴 하는데, 미처 먹지 못한 반찬들이 쌓여갑니다. 첫아이 출산 후 직장에 복귀했을 때는 그런 시어머니의 배려가 고마웠어요. 하지만 둘째를 출산하면서 일을 그만뒀기 때문에 도움이 필요하지 않습니다. 오히려 지금은 요리를 하면 기분 전환이 되기도 합니다. 시어머니의 과한 '친절'이 부담스럽습니다.

한때의 고난을 극복하자

이제는 반찬을 보내지 말아달라고 분명하게 말하는 수밖에 없다. 물론 시어머니는 '애써 호의로 보내줬는데' 부정당했다는 기분이 들기 때문에 일시적인 마찰은 피할 수 없다. 그러나 한때의 고난을 극복하는 것이 입 다문 채 달갑지 않은 친절에 계속해서 불편해하는 것보다 낫다. 지금은 요리를 하는 것이 기분 전환에 도움이 되어 시어머니의 친절이 부담스러운 것이니 그것은 반드시 말해야 한다.

시어머니가 반찬을 만들어 보내는 것은 아들, 즉 당신의 남편에게 먹이고 싶어서일 것이다. 매일 남편에게 시어머니가 보내준 반찬을 챙겨주고, 남편이 먹기 싫어하면 그때 직접 어머니께 말씀드리라고 할 수도 있다.

자신의 가치를
스스로 인정하면
타인에게 바라는
인정 욕구도 사라진다.

부모의 편애 때문에 가슴 아프다

내게는 남동생이 하나 있습니다. 어머니는 항상 우리 둘을 똑같이 사랑한다고 말합니다. 본인은 그렇게 믿고 있지만 누가 봐도 남동생에 대한 애정이 강합니다. 어머니도 이제 연로하셨고 새삼스러운 일이 아니니 어쩔 수 없지만 그래도 부모의 사랑을 받지 못한 것이 서글픕니다. 나이 50이 넘어 무엇을 그리 연연하나 싶어 혼자 묻고, 혼자 답하고 해봅니다. 그래도 서운한 게 사실입니다.

당신이 먼저 부모를 사랑하자

부모는 자식이 몇 명이든 전부 똑같이 사랑한다고 생각한다. 똑같이 사랑해주고 싶은 마음이라서 형제 중 누구 하나를 유

달리 사랑한다고 공언하는 부모는 없다.

그렇지만 부모·자식 사이에도 궁합이란 게 존재해서 마음이 잘 맞는 자식과 그렇지 않은 자식이 있을 수는 있다. 또, 형제 중에서 순위(첫째, 중간, 막내, 외동)가 자신과 같은 자식은 비교적 이해하기 쉬운 반면, 다른 순위의 자식은 이해하기 어려운 면도 있다. 일테면 부모가 첫째라면 자식도 첫째의 사정을 가장 잘 이해하는 식이다. 자매만 있는 환경에서 자란 엄마는 사내아이를 전혀 이해하지 못하기도 한다.

반면에 자식 입장에서는 부모가 자신보다 다른 형제를 더 사랑한다고 느낄 때가 있다. 그렇다면 부모에게 평등하게 대해달라고 말하는 수밖에 없다.

그렇게 말하면 부모의 변명을 듣게 될 수도 있고, 남동생을 더 사랑한다는 자신의 생각이 틀렸다는 걸 깨닫는 계기가 될 수도 있다. 부모는 자식을 온 마음으로 사랑했는데 방법이 능숙하지 못했던 것뿐이다.

사람에게 강제로 하게 할 수 없는 것이 두 가지 있다. 첫째는 존경이다. "나를 존경하라"고 말한다 해도 그럴만한 가치가 있는 인물이 아니면 아무도 존경하지 않는다. 둘째는 사랑이다. "나를 사랑하라"고 말해도 사랑받을 가치가 있는 사람이 아니면 사랑받을 수 없다. 따라서 부모의 사랑을 받고 싶으면 사랑받을 수 있는 사람이 되어야 한다.

그러나 여기서 또 하나 문제가 있다. 부모든 누구든 타인이 당신을 사랑할지 말지는 당신이 결정할 수 없다. 강제로 하게 할 수 없다는 것은 그런 의미다. 사랑받도록 노력한다고 해서 반드시 사랑받는 것은 아니다.

이때 할 수 있는 것은 두 가지다. 첫째는 '당신'이 먼저 사랑하는 것이다. 그거라면 당신도 할 수 있을 것이다. 물론 당신이 부모를 사랑해도 부모가 거기에 응해줄지는 알 수 없다. 그러나 부모가 사랑해주지 않으면 나도 부모를 사랑하지 않는다는 것은 잘못된 생각이다.

둘째는 사랑받아야 한다는 생각을 버리는 것이다. 언제까지 부모에게 의존할 텐가. 언젠가는 부모에게서 독립해야 한다. 부모가 자신을 사랑하지 않는다고 느낄 때가 자립할 기회다.

아버지와 연락을 끊고 살았다

아버지는 나의 생활방식을 이해해주지 않습니다. 결혼할 생각 없이 일만 하는 내가 보기 싫은 모양입니다. "집에 오지 않아도 된다"는 아버지의 전화를 받은 후로 오랫동안 집에도 가지 않고 아예 연락을 끊었습니다. 앞으로 아버지를 어떻게 대해야 할까요?

인간관계의 열쇠는 당신이 쥐고 있다

당신이 어떻게 하고 싶은가에 달렸다. 아버지의 입장을 상상해보면, 자식의 생활방식을 인정하지 못해 '집에 오지 않아도 된다'고는 했지만 자식에 대한 생각을 마음에서 지웠을 리가 없다. 자신의 말을 후회할 거라고 생각한다. 물론 지금도 아버지의 화가 가라앉지 않았을 가능성도 있다. 그러나 언제까지고 화를 계속 낼 수 있는 에너지를 가진 사람은 없다. 지금의 부녀관계를 이제까지와는 다른 상태로 만들려면 어느 한쪽이 움직여야 한다. 어떻게 될지는 모르나 현재의 상태가 불편해서 바꾸고 싶다면 불가능한 것도 아니다. 전화를 걸거나 편지를 써보자.

부모는 늙는다. 그리고 언젠가는 세상을 떠날 것이다. 아버지가 거부한다 해도 당신이 뭔가 행동을 해야 한다. 그래야만 얼굴을 못 본 채 이별해도 후회의 정도를 줄일 수 있다.

나는 아버지와 관계가 좋지 않았다. 만년에 어느 정도 회복되기는 했지만 편찮으신 아버지를 돌보면서도 한동안 오래전의 응어리가 풀리지 않았다.

어느 날 아버지께서 말씀하셨다.

"잊어버린 기억은 어쩔 수 없지. 할 수 있다면 다시 시작하고 싶다."

그런 아버지를 보면서 나는 결심했다. '과거에 매달려도 의미는 없다. 중요한 것은 지금, 그리고 앞으로 아버지와 함께하는 것이다' 라고.

아주 잠깐 안개가 걷히듯 제정신이 돌아온 날 아버지는 그렇게 말씀하셨다. 아버지는 다시 짙은 안개에 갇히게 되어 맑은 정신으로 생활한 시간은 오래 계속되지 않았다. 그날 내가 과거를 내려놓을 결심을 하게 되어 다행이라고 생각한다.

나를 사랑할 용기

인간관계의 열쇠는
당신이 쥐고 있다.

관계를 변화시키려면
어느 한쪽이
반드시 움직여야 한다.

나의 가치는 뭔가를 할 수 있는 것에서
생기는 것이 아니다.

10장

노후에 대한 불안

은퇴 후가 불안하다

1년 후 정년 퇴직입니다. 앞으로 어떻게 살까 막연히 상상해보곤 하는데, 일하지 않고 하루하루 지낼 걸 생각하면 오싹할 만큼 두렵습니다.

일을 할 수 없게 되어도 당신의 가치는 변하지 않는다

아들러는 "주위에서 더는 자신을 필요로 하지 않는다고 생각하는 노인은 자식의 말을 거절하지 않는 부드러운 노인이 되거나, 고시랑고시랑 잔소리하는 비평가가 된다"고 말했다. 노인들도 자신이 필요 없는 존재로 느껴지지 않도록 "60, 70 아니 80세인 사람에게도 일을 그만두라고 권해선 안 된다"고 했다. 지금은 그 연세에도 일을 하시는 분들이 많아 당연하게 들리지만, 아들러가 살았던 시대에는 상당히 파격적인 발언이었다.

내 아버지는 55세에 퇴직하셨다. 그리고도 10년을 더 일하시긴 했지만, 나는 아버지가 퇴직하셨던 나이가 이미 지났는데도 왕성하게 활동하고 있다. 현재 상황을 생각해보면 55세 퇴직이 일반적이었다는 사실이 놀랍다.

지금은 더 오래 일할 수 있게 되었다고는 하나 언젠가 현역에서 물러나야 한다는 건 똑같다. 일선에서 물러나면 체력이 예전 같지 않다는 사람도 있겠지만, 건강한데도 지력이 떨어지는 것을 느끼기 시작하는 사람도 있을 것이다.

체력과 지력의 저하만이 노년의 문제는 아니다. 일을 오랫동안 해온 사람은 일을 잘한다는 것이 사람을 평가할 때의 결정적인 기준이라고 생각하는 경향이 있다. 직책의 상하를 인간관계의 상하로 인식하는 조직에서 일한 사람에게, 현역에서 물러나는 것은 더는 스스로 가치가 없다는 선고를 받는 것과 같다. 그런 사람은 퇴직 후 실의에 빠지기 쉽다.

어떤 공동체에 속한다는 소속감을 느끼고 싶은 것은 인간의 기본적인 욕구다. 회사에서 하루 대부분을 보냈던 사람들은 특히 조직을 떠나는 데 불안을 느낀다. 이들은 회사에 더는 나갈 필요가 없어졌을 때 인생의 큰 위기를 맞는다.

물론 퇴직 후 유유자적한 생활을 기대하는 사람도 있을 것이다. 하지만 현직에서 물러날 때는 이미 젊은 나이가 아니다. 따라서 큰 병에 걸리지 않았어도 건강에 자신이 없다면 자신이 할 수 있는 일의 한계를 정확하게 인식해야 한다.

잃어버린 젊음을 한탄하기보다 어떤 형태로든 주위에 공헌할 수 있어야 노년기의 위기를 극복할 수 있다. 젊지 않다는 사실은 부정할 수 없지만 할 수 없는 것들이 늘어도 자신에게 가치가 없어진 것은 아니라고 생각하자.

살아 있는 것 자체에 가치가 있다

더는 젊지 않은데 젊은 사람과 똑같이 할 수 있다, 늙지 않았다는 것을 주위에 보여주려고 애쓰는 사람도 간혹 있다. 하지만 별 의미는 없다. 매번 아직 늙지 않았다는 것을 증명해야 한다면 이미 젊지 않은 것이다.

뭔가 특별한 것을 할 수 없고, 젊을 때 아무렇지도 않게 해내던 것을 하지 못하게 되었어도 자신의 가치가 떨어지는 것은 아니라고 생각해야 한다. 그러려면 젊을 때부터의 사고방식이 중요하다. 즉, 자신의 가치를 뭔가를 할 수 있다는 것에서 찾지 않아야 한다.

자신의 가치를 뭔가를 할 수 있다는 것에서 찾지 말고, 살아 있다는 자체에 가치를 두면서 할 수 있는 일을 해나가자. 나는 오랫동안 책을 써왔고 앞으로도 쓰고 싶다. 50세에 심근경색으로 쓰러져 병원에 입원했을 때 의사가 내게 "글을 계속 쓰세요"라고 말했다. 보통은 스트레스 때문에 삼가라고 하는데 그 의사는 내가 무엇을 중시하는지 알고 있었다. "책은 남으니까요"라는 그의 말이 자극이 되었다. 그래서 힘닿는 데까지 글을 써봐야겠다고 결심했다. 그 일을 계기로 건강을 되찾기 위해 열심히 노력했다.

당신도 무엇을 할 수 있을지 스스로 생각해보라.

자매의 불화, 화해할 길은 없을까요

장인어른이 돌아가신 후 처형과 아내, 두 자매 사이에 오랫동안 쌓인 서로에 대한 불평과 불만이 터져 나오고 있습니다. 혼자서는 생활할 수 없는 장모님을 돌봐야 한다는 생각은 같은 듯한데, 싸움이 끊이지 않습니다. 둘이 화해할 방법이 없을까요?

싸움의 진짜 목적을 알아야 한다

안타깝지만 당신은 아내와 처형, 두 자매의 관계에 간섭할 수 없다. 당신이 개입할 수 있는 것은 당신과 아내의 관계, 당신과 처형의 관계뿐이다. 두 사람의 싸움을 둘러싸고 아내나 처형이 당신에게 상담을 하면 본인의 의견은 말할 수 있지만, 그렇지 않다면 아무것도 할 수 없다.

그러나 할 수 있는 것이 없다고 팔짱만 끼고 있어서는 문제가 해결되지 않는다. 홀로 된 어머니를 둘러싼 자매의 언쟁에 당신이 끼어들 수는 없지만, 그들은 당신을 이 일에 끌어들이고 싶은 것처럼 보인다. 부인이 일부러 어머니를 둘러싼 자매의 언쟁에 대해 당신에게 이야기하는 것을 보면 말이다.

우선 도와줄 게 없느냐고 물어보는 것은 어떨까? 그 경우 '도와줄 수 있는 것'은 자매의 언쟁을 해결하기 위한 것이 아니라, 당신이 장모를 위해 무엇을 할 수 있느냐는 의미가 될 것이다.

내 말을 절대 듣지 않는 남편

남편은 다른 사람의 말을 듣지 않습니다. 특히 내 말은 절대 안들어요. 남편은 시어머니가 보살핌이 필요한 상태니 모셔와 같이 살자고 합니다. 그렇지만 나도 일을 하기 때문에 수발을 들기가 어렵습니다. 그래서 돌볼 수 없다고 말했더니 "며느리가 시어머니를 모시는 것은 당연한 일 아니야?"라며 화만 냅니다. 도저히 대화가 되지 않아요.

타인의 기대를 만족시키기 위해 사는 것은 아니다

자신과 타인은 사고방식이 다르다는 것을 이해하려 하지 않는 사람이 있다. 그런 사람은 자신이 바라는 대로 타인이 움직여주지 않으면 화를 내거나 고압적인 태도를 취한다. 자신은 타인의 기대를 만족시키기 위해 사는 것이 아니란 말은 이해하면서 타인 역시 자신의 기대를 만족시키기 위해 사는 것이 아니란 말은 이해하지 못한다. 아니, 이해하고 싶지 않은 것이다.

이런 사람과는 언쟁을 해봤자 소용없다. 처음에는 강요하려 하는 것에 주목하지 말고 "쇠약해진 어머니가 걱정되는 거군요"라고 말해주자. 그것은 사실일 테니까.

찬성할 수 없는 부분에 대해서는 "당신 생각은 그렇군요" 하고 말해보면 어떨까. 이해하려 하는 것과 찬성하는 것은 별개의 문제다. 이해는 해도 찬성할 수 없는 경우는 얼마든지 있다. 그렇지만 처음부터 이야기조차 듣지 않으면 남편과의 관계를 개선할 수 없다.

생각이 다를 수 있음을 인정하라

차분히 생각을 듣고 난 후 문제점을 정리하라. 어느 방에서 지내시게 할지, 어머니를 돌보기 위해 하던 일을 그만두어야 할지 하는 것들이다. 대안을 내는 것도 중요하다. 요양 서비스를 제안할 수도 있다.

사실은 부모의 간병 같은 큰 문제가 일어나기 전에 자잘한 일로 의견이 충돌할 때 생각을 맞추는 방법을 배웠어야 했다.

그랬다면 감정적이 되거나 어느 쪽이 옳은지 증명하려는 무모한 논쟁을 벌이지 않고 건설적으로 대화할 수 있었을 것이다. 이제부터도 가능하다. 부부 사이에 생각이 다를 수 있음을 인정하는 데서부터 시작하라.

화가 날 때는 대화를 할 수 없다. 자신이 불리하다고 인식한 사람은 화를 내서 자기 생각을 인정받으려고 한다. 그런 때 대화를 하는 것은 무리가 있다. 대화할 용의는 있지만 화를 내는 동안에는 대화하고 싶지 않다고 말하자. 화를 내는 한 대화는 불가능하다는 것을 깨닫게 하는 수밖에 없다.

가업을 이어야 할까

우리 집은 할아버지 대부터 이어지는 가업이 있습니다. 지금은 아버지가 잇고 있는데, 나는 하고 싶은 일이 있어서 직장에 취직했습니다. 아버지는 겉으로는 "너는 무얼 해도 신통치 않은 녀석이라 물려줄 수 없다" 하시는데, 한 해 한 해 늙어가는 아버지를 보면 회사를 그만두고 가업을 이어야 할 때가 된 게 아닌지 초조합니다. 아내는 안정된 직장에서 계속 일하기를 바라고요. 회사에 남아야 할까요, 그만두고 아버지의 뒤를 이어야 할까요?

자신이 결정하는 수밖에 없다

당신은 현재 자신이 처한 입장을 잘 이해하고 있고, 여기에 아버지와 아내의 의향을 고려해 앞으로의 일을 결정하려고 하고 있다. 하지만 그것은 자신이 결정하는 수밖에 없다.

먼저, 아버지는 가업을 이을 사람이 없어 슬프다 해도 그 감정을 스스로 추슬러야 한다. 아마 당신이 느끼고 있는 것처럼 아버지는 가업을 이어주길 바랄 것이다. 만약 그렇다면 아버지는 당신에게 "가업을 이었으면 좋겠다"고 분명히 말해야 한다.

그것으로 아버지의 뜻을 확인했다 해도 당신이 꼭 따라야 하는 건 아니다. 달리 하고 싶은 일이 있다면 그것을 우선해도 괜찮다. 가업을 잇기로 한 결심을 나중에 가서 후회한다면 오히려 부모를 슬프게 하기 때문이다.

하고 싶은 일이 있어서 가업을 잇지 않은 경우에도 나중에 생각이 바뀔 수 있다. 그때도 중요한 것은 당신이 가업 자체에 흥미를 갖는지 아닌지 하는 것이다. 아버지나 아내의 의향까지 생각할 필요는 없다. 가업을 잇더라도 자신이 일의 가치를 충분히 받아들이고 이어야 한다.

함께 살자는 시부모님

시부모님이 두 가구가 같이 살 수 있는 집을 짓자고 합니다. 두 살 된 손자가 귀여운지 기회가 있을 때마다 말씀을 하세요. 비용은 시부모님이 부담한다고 하니 세상 잣대로 따지자면 손해 보는 이야기는 아닙니다. 오히려 경제적으로는 다행인데, 낯선 동네에 가서 지낼 걸 생각하면 자신이 없습니다. 어떻게 하면 시부모님의 기분이 상하지 않게 거절할 수 있을까요?

마찰은 피할 수 없다

'기분 상하지 않게' 거절할 수는 없다. 부모가 집을 지어준다는 것은 고맙지만, 거의 동거나 다름없고 그것으로 자유를 잃는다면 반가운 일만은 아니다.

거절하면 감정적으로 마찰은 피할 수 없다. 게다가 거절은 경제적인 면의 문제만은 아니다. 앞으로 아이가 크면 시부모에게 도움을 받아야 하는 일이 생길 수 있다. 그런 때 시댁이 가까우면 도움받기가 쉬운데 지금의 제안을 거절하면 도움받기 어려워질 수도 있다. 거리상으로 먼 곳에 산다면 당장 도움이 필요할 때 곤란해진다.

그래서 사실상 동거를 받아들여 육아에 도움을 받을 수 있다는 장점을 취할지, 아니면 단점은 있어도 부모의 개입을 거절하고 자유롭게 살지 숙고해야 한다.

손자를 귀여워하는 어른들의 기분은 이해한다. 그렇다면 자주 찾아오면 될 것이다. 아마 시부모가 원하는 것은 귀여운 손자와 가까이서 사는 것이 아니라, 더 나이 들어 손자를 보러 가기 어려워지고 자식의 돌봄을 필요로 하게 될지 모른다는 예감과 두려움이 배경에 있을 것이다. 언젠가 부모에게 간병이 필요한 상태가 되는 상황도 생각해둘 필요가 있다.

또 하나, 부모에게서 돈을 비롯해 도움을 받는다 해도 그것이 부모와 자식 간의 대등한 관계에 영향을 주지는 않는다. 자식이 부모의 기대에 어긋나는 인생을 살려고 할 때, 학생 때라면 "스스로 돈을 벌 수 있을 때까지 안 된다"고 선언하기도 한다. 부모가 자식의 인생을 책임질 수는 없지만 경제적으로 우위에 있다는 것을 내세워 자식이 옳지 않은 방향으로 가는 것을 막을 수 있다. 그러나 경제적으로 우위에 있다는 사실이 자식보다 부모가 상위에 있다는 의미는 아니다.

부부간에도 아내를 부양하는 것으로 자신이 우위에 있다고 착각하는 남성이 많다. 밖에서 일해 돈을 버는 것은 가정에서의 한 역할에 불과하다. 나는 젊을 때부터 경제적 우위에 선 적은 없지만, 그렇다고 내가 열등하다는 생각은 한 번도 하지 않았다.

경제적인 것과 대등한 것은 아무 관계가 없으므로 당신도 주장해야 할 것은 주장하라. 그것으로 도움을 받지 못해도 자유가 우선되어야 한다. 남편과도 무엇이 중요한지 신중히 의논해보자.

할아버지와 손자의 불편한 관계

시아버지가 남을 지배하려는 타입이라서 손자의 반론을 인정하지 않습니다. 그런 시아버지를 이해할 수 없습니다.

아이가 스스로 해결해야 한다

시아버지를 좋아할 필요는 없지만 같이 있는 것이 고통이라면 문제라 할 수 있다. 고통이 아닐 만큼 관계를 개선하고자 노력은 해봐야 한다.

먼저 자신이 할 수 없는 것은 할 수 없다고 결론 내려야 한다. 인간관계 '삼각형' 을 떠올려보라. 시아버지와 당신 자녀와의 관계는 당신이 간섭할 수 없다. 두 사람이 해결할 수밖에 없고 둘의 관계에 간섭하는 것은 원칙적으로 불가능하다.

아이에게 도와줄 것이 없느냐고 물어볼 수는 있지만, 지금의 상황을 보면 당신이 할 수 있는 일은 없다. 할 수 있는 일이 있다면 전달자로서 아이의 생각을 시아버지에게 전하는 것이 겠지만, 이때도 아이 스스로 할아버지에게 "반론을 인정하지 않는 것은 잘못이다"라고 말해야 한다.

언젠가 우리 집에서 있었던 일이다. 내 아들이 비디오게임을 하고 있는데, 아버지가 아무 말도 없이 텔레비전의 볼륨을 줄이셨다. 친구에게 전화하겠다고 약속했던 게 갑자기 생각나신 것이다. 그 일로 화가 난 내 아들은 할아버지가 당신 집에 돌아가실 때까지 며칠 동안 한마디도 하지 않았다. 이런 대응이 바람직하다고는 할 수 없지만 아버지는 손자의 침묵이 어떤 의미인지 알았을 것이다.

일방적인 지배로 반론을 인정하지 않는 관계가 손자와의 사이를 나쁘게 한다는 것은 시아버지도 알고 있을 것이다. 둘 사이의 관계는 둘이 해결하도록 놔두는 수밖에 없다.

며느리가 손자의 버릇을 고쳐주지 않아요

며느리가 손자의 응석을 받아주기만 해서 가정교육이 전혀 안 됩니다. 식당에서 소란을 피우고 다른 아이의 장난감을 빼앗아도 주의를 주려 하지 않습니다. 체벌이니 학대니 말이 많은 시대인 줄은 알지만, 자식의 장난이 지나치면 엄한 훈계가 필요하지 않을까요? 아들도 어릴 때는 심한 개구쟁이였는데 나는 때로 매를 들어 엄하게 키웠습니다.

당신이 가르쳐도 된다

나도 어린아이가 식당에서 떠들거나 다른 아이의 장난감을 빼앗는 것을 방치해선 안 된다고 생각한다. 어른에게는 아이가 잘못하면 따끔하게 혼낼 책임이 있다. 며느리가 가르쳐야 하는데, 아무것도 하지 않는다면 당신이 가르쳐도 된다.

그러나 매를 들 필요는 없다. 손자가 자신이 한 행동의 의미를 모른다면 말로 설명하면 된다. 당신이 큰 소리를 내거나 엄격하게 대하면 손자가 당신을 좋아할 수 없다. 그렇게 되면 당신이 바른 언행을 가르쳐도 손자는 반발할 것이다.

많은 사람이 잘못 알고 있는데, 아이가 잘못을 저지르면 야단부터 친 후에 해야 하는 것과 해서는 안 될 것을 가르쳐야 한다고 생각하는 것이다. 그러나 가르치는 것도 관계가 좋아야만 이뤄질 수 있다. 야단을 쳐서 사이가 멀어진 다음에 하면 아무 효과가 없다.

일단 손자와 충분히 대화부터 해보면 어떨까? 설교를 해서는 안 된다. 말이 통하는 할아버지라고 생각하도록 손자의 눈높이에서 이야기해야 한다. 그러면 손자도 마음을 열고 응해줄 것이다.

사별 후 술을 끊지 못하는 시아버지

시어머니가 돌아가신 후로 시아버지 혼자 지내시는데, 술을 끊지 못하십니다. 원래 술을 좋아하시긴 했지만 요즘 들어 더 술을 찾아 걱정이에요. "걱정된다"고 말하는 것 외에 달리 할 수 있는 일이 없어서 속상합니다.

개인의 감정을 감당하는 것은 스스로의 몫이다

과음하는 것을 보면 걱정된다는 말은 할 수 있지만 그 외에는 간섭할 수 없다. 아내를 잃은 시아버지가 건강에 나쁘다는 걸 알면서도 술을 찾게 되는 기분은 이해가 될 것이다.

아무리 힘들어도 시아버지는 혼자 그 기분과 마주하는 수밖에 없다. 마찬가지로 부모를 걱정하는 기분도 당신 스스로 감당해야 한다. "술을 많이 드시는 것 같은데 괜찮으세요? 도와드릴 건 없나요?" 하고 물어볼 수는 있다. 시아버지가 "없다"고 하면 "언제든 도와드릴 테니까 말씀하세요" 하고 조용히 지켜보자.

수년 전 나의 친구가 큰 병에 걸렸다. 다행히 발견이 빨라서 최악의 상태까지는 가지 않았다. 친구는 크게 놀라 일을 그만두고 술도 끊었다. 그런데 최근에 생각을 바꿨다. 머지않아 환갑을 맞는 친구는 "좋아하는 술을 끊고 여든까지 사느니 술 마시고 일흔에 죽기로 했다"고 했다.

물론 이런 계획을 세운다고 인생이 생각대로 되는 것은 아니지만, 단순히 오래 살기를 바라기보다 술을 마시며 인생을 즐기려는 기분은 이해할 수 있을 것 같다.

"술을 적당히 즐기세요" 하는 말을 해드리면 어떨까? 걱정된다는 당신의 말에 귀를 기울이게 말이다.

방금 한 말도 잊어버리는 어머니

치매에 걸린 어머니를 모시고 있습니다. 어머니는 방금 있었던 일도 잊어버립니다. 그런 상황을 다 알면서도 가끔 나도 모르게 거친 말투로 대꾸하며 짜증을 내게 됩니다.

현실의 부모를 그대로 인정한다

어머니가 방금 한 말이나 행동을 잊어버리지 않을 수 있다면 말투를 거칠게 하는 것에도 의미가 있다. 그러나 같은 일이 반복된다면 그런 식으로 짜증을 내는 것은 아무 의미가 없다. 그런데도 당신이 매일 어머니를 질책하는 것은, 혹시 나의 말을 기억해주지 않을까 하는 희망을 버리지 못했기 때문이다. 그러나 현실을 받아들이는 수밖에 없다.

어머니의 망각이 당신과 관계가 없는 일이라면 짜증이 날 이유가 없다. 예를 들어 "오늘은 몇 월 며칠입니까?", "연세는요?" 하는 질문이라면 어머니가 "모른다"고 대답해도 신경 쓰이지 않을 것이다. 물론 어머니가 전에는 대답할 수 있었는데 지금은 그렇지 않아서 놀라겠지만, 젊을 때처럼 매일 출근할 필요도 없고 집에만 있으면 오늘이 며칠인지 쉽게 대답하지 못해도 이상한 일은 아니다.

그런데 당신이 짜증을 참지 못하고 말투가 거칠어지는 것은 어머니의 망각이 자신과도 관계가 있기 때문이다. 즉, 자신이 부모에게 한 언행을 부모가 잊어버리면 스스로를 인정받지 못하는 셈이 되므로 견디기 어려운 것이다. 예를 들어 식사를 챙겨주었을 때 "고맙다"는 말을 기대했는데 아무 말도 듣지 못하면 자신의 행동이 헛수고처럼 느껴진다. 이런 사람은 부모와의 관계뿐 아니라 자신의 행위를 다른 누군가에게 인정받고 싶은 욕구가 있는 것이다.

나의 아버지도 그랬다. 방금 식사를 하고는 까맣게 잊어버리신다. 밥상을 치우자마자 "밥 안 주니?" 하고 물어 처음에는 깜짝 놀라기도 했다. 인정 욕구가 강한 사람에게는 자신의 행위를 부모가 인정해주지 않는 것은 참기 힘든 일이다. 그런 때는 화를 내봤자 소용없다고 체념하는 수밖에 없다. 그리고 현실의 부모를 있는 그대로 받아들이는 수밖에 없다.

　동시에 부모가 건강했을 때도 부모에게 한 행동들이 고맙다는 말을 듣고 싶어서 한 건 아니었는지 자문해보라. 만약 그렇다면 문제는 부모의 망각이 아니다. 타인을 대할 때도 인정 욕구가 있는 사람은 자신의 행위에 대해 감사받는 형태로 인정받지 않으면 만족하지 못한다. 그러나 스스로 뿌듯함을 느끼는 데 타인의 승인은 필요하지 않다.

　나의 예에서는 "방금 식사하셨어요" 하고 말하면 된다. 말투를 거칠게 할 필요도 없다. 내가 아버지께 그렇게 했더니 아버지는 "그러냐" 하고 더는 얘기하지 않으셨다.

　치매를 앓는 부모는 자식이 한 말이나 행동은 잊어버리지만 말투가 거칠어지면 야단맞았다고 느껴서 위축되고 그 인상을 계속해서 가지고 있다. 방금 있었던 일을 부모가 잊어버리더라도, 자식이 할 수 있는 일은 화를 내거나 감정의 동요를 하지 않고 함께 시간을 보내는 것이다.

나의 감정을
감당하는 것은 나의 몫이다.

혼자 그 기분과
마주하고 해결해야 한다.

내가 행복해야 남도 행복하게 해줄 수 있다

나이 탓인지 잔소리가 늘었다. 듣기 좋은 말이 아니란 걸 알면서도 입이 자동으로 움직인다. 솔직히 잔소리가 나쁘다는 생각은 없었다. '엄마의 잔소리'로 대표되듯이 잔소리는 일종의 사랑의 표현으로 필요한 말, 관심이 있기 때문에 가능한 설교라고까지 생각했다.

그래서 부모가 자녀에게 잔소리를 하고, 아내가 남편에게 잔소리를 하고, 선생님이 학생들에게 잔소리를 하는 것이다라고. 거기에는 내 아이가, 내 남편이, 내 학생이 잘되기를 바라는 마음이 담겨 있다. '정'을 중시하는 동양인에게 잔소리는 애정의 또 다른 표현이라고 주제넘은 결론까지 내렸다. 적어도 이 책을 읽기 전까지는.

그런데 아들러 선생 왈, 그건 '간섭'이고 '개입'이란다. 순간, '어?' 하고 미간이 찌푸려졌는데 가만히 나를 돌아보니 조금씩 이해가 갔다. 실제로, 사춘기 한복판에 있는 중학생 조카에게 나의 잔소리는 전혀 먹히지 않는다. 한번은 내가 입을 떼려는데 아이가 손바닥을 내 쪽으로 들어 보이며 "반사!" 하고 짧게 외쳤다.

당시는 아이의 행동이 괘씸하고 서운했는데, 지금 생각하니 고개가 끄덕여진다. 나의 잔소리는 간섭이었다. 아이가 도움을 청하지도 않았는데 함부로 아이의 과제에 개입하려 했던 것이다.

아들러 심리학이 많은 사람의 마음을 사로잡은 이유는 난해한 전문용어를 최대한 쓰지 않고 '어떻게 하면 행복해질 수 있을까', '어떻게 살아야 할까'에 대해 명확한 이미지를 단순하게 제시하기 때문이라고 한다.

성격은 바꿀 수 있다, 트라우마는 존재하지 않는다 등 언뜻 상식을 뒤집는 그의 말은 지극히 긍정적이다. 그래서 젊은이들에게 더욱 크게 와 닿았을지 모른다. 그러나 그가 트라우마를 부정한 이유는 인간은 누구나 힘든 경험을 하며 사는데 자신이 마주해야 할 과제에 대해 트라우마를 이유로 회피해선 안 되기 때문이다. 힘들고 고통스러운 인생이어도 포기하지 말라는 의미다.

문득 자신이 행복해야 주위를 챙기고 행복하게 해줄 수 있다는 말이 떠오른다. 힘들어도, 시간이 없어도 누군가를 위해서 잔소리를 한다. 불편하고 짜증이 나도 누군가를 위해서 참는다.

아들러 선생이 그런 우리를 본다면 이렇게 말하지 않을까.

"인생, 뭐가 중요한데? 무엇보다 제일 먼저 나를 사랑할 용기를 가져요!"

나를 사랑할 용기

제1판 1쇄 발행 | 2016년 12월 16일
제1판 9쇄 발행 | 2024년 3월 29일

지은이 | 기시미 이치로
옮긴이 | 홍성민
펴낸이 | 김수언
펴낸곳 | 한국경제신문 한경BP
책임편집 | 마현숙
교정교열 | 공순례
저작권 | 백상아
홍보 | 서은실 · 이여진 · 박도현
마케팅 | 김규형 · 정우연
디자인 | 권석중
본문디자인 | 디자인 현

주소 | 서울특별시 중구 청파로 463
기획출판팀 | 02-3604-553~6
영업마케팅팀 | 02-3604-595, 583 FAX | 02-3604-599
H | http://bp.hankyung.com   E | bp@hankyung.com
T | @hankbp   F | www.facebook.com/hankyungbp
등록 | 제 2-315(1967. 5. 15)

ISBN 978-89-475-4156-5   03180